조선왕조실록 5

순조 ~ 순종 편

차례
Contents

들어가며

세도 정치의 시대 – 순조 · 헌종 · 철종

정조에 이어 11세의 어린 순조가 조선의 제23대 왕으로 즉위했다. 이에 대왕대비였던 정순왕후가 수렴청정을 했다. 1802년(순조 2) 10월, 순조는 정조가 생전에 간택했던 김조순의 딸을 왕비로 맞이했다.

순조 즉위 초에는 수렴청정을 하던 정순왕후와 벽파 관료가 주도권을 장악했다. 벽파 정권은 사교(邪敎)를 탄압한다는 명분으로 천주교도를 처형했으며, 그러면서 정적인 시파도 함께 제거했다.

1804년(순조 4) 정순왕후의 수렴청정이 끝나고 순조가 친정을 시작하면서 김조순의 가문인 안동 김 씨 세력이 정권을 장악해 세도 정치가 시작되었다. 이들은 조정의 요직을 독차지해 정권을 농단하면서 매관매직을 일삼았다. 삼정이 문란해지고 백성의 삶은 도탄에 빠졌다. 그러면서 순조 연간에는 각종 민란과 모반 사건이 끊이지 않았다. 거기에 천재지변까지 겹쳐 사회가 불안했다.

순조는 풍양 조 씨인 조만영(趙萬永)의 딸을 효명세자(익종으로 추존)의 빈으로 맞아들였다. 그리고 1827년(순조 27)에는 세자에게 대리청정하게 했다. 세자의 외척인 풍양 조 씨 세력으로 안동 김 씨의 세도를 견제하려 한 것이다. 그러나 풍양 조 씨는 1830년(순조 30)에 세자가 죽자 세력을 잃었다.

순조에 이어 왕세손 헌종이 조선의 제24대 왕이 되었다. 이때 헌종은 겨우 8세에 불과해 대왕대비였던 순원왕후(純元王后: 김조순의 딸)가 수렴청정을 했다. 그리하여 헌종 즉위 초에는 안동 김 씨의 세도 정치가 이어졌다. 그러다가 헌종의 외척인 풍양 조 씨 세력이 점차 우세하게 되었다. 특히 순원왕후가 수렴청정에서 물러나고 헌종의 친정이 시작되면서 풍양 조 씨가 정치 주도권을 쥐었다. 그러나 1846년(헌종 12) 조만영이 죽자 안동 김 씨 일파가 다시 정국을 주도했다.

세도 정치 여파로 헌종 연간에도 순조 때와 마찬가지로 국정이 혼란하고 민생이 피폐해졌다. 한편 풍양 조 씨가 정권을 잡은 동안에 대대적인 천주교 박해가 있었다. 1845년(헌종 11) 이후에는 이양선(異樣船)이 빈번하게 출몰해 불안을 조성하기도 했다.

헌종이 후사 없이 죽자 전계대원군(全溪大院君)의 셋째 아들 원범(元範)이 왕위에 올랐다. 그가 제25대 왕 철종이다. 순원왕후는 철종을 자기 아들로 삼고 순조의 뒤를 잇게 했다. 철종이 선왕인 헌종의 숙부 항렬이었기 때문에 대통은 헌종을 잇지만, 가계는 순조를 잇는 것으로 되었다. 이 때문에 조정에서는 한바탕 예론 대결이 일어나기도 했다.

철종 즉위 초에는 왕이 나이가 어리다는 이유로 순원왕후가 수렴청정을 했다. 철종은 순원왕후의 친족 김문근(金汶根)의 딸을 왕비로 맞이했다. 이로써 순조 때 시작된 안동 김 씨의 세도 정치가 3대째 이어지게 되었다. 철종은 1852년(철종 3)부터 친정을 했으나 정치 실권을 장악한 안동 김 씨 세도 정치의 폐단은 계속 이어졌다. 철종은 관서 지방에 기근이 심할 때 11만 냥을 풀어 진대(賑貸: 재난이나 흉년이 든 해에 나라에서 백성에게 곡식을 빌려줌)에 힘쓰고, 봄에는 화재를 입은 민가와 수재 지역의 빈민에게 내탕금을 내려 지원하기도 했다. 그러나 이러한 임시 방책으로는 근본적인 문제가 해결되지 않았다.

결국 1862년(철종 13) 봄, 진주 민란을 시작으로 전국적인 민란과 소요가 일어나기 시작했다. 이에 조정에서는 삼정이정청(三政釐整廳)이라는 특별 기구를 설치해 민란의 원인이 된 삼정의 폐해를 바로잡으려 했다. 그러나 세도 정치의 폐해 때문에 사회·경제적인 개혁은 제대로 실시되지 못했다.

이렇게 민심이 불안한 가운데 천주교가 널리 전파되고, 동학(東學)이 일어났다. 1860년(철종 11) 4월, 최제우(崔濟愚)가 창도한 동학이 급속도로 파급되어 민중의 마음을 사로잡았다. 그러자 조정에서는 최제우를 사도난정(邪道亂正)의 죄목으로 체포해 처형했다.

『순조실록』은 제23대 왕 순조가 재위한 34년 5개월간의 역사를 편년체로 기록한 것으로, 본서 34권 34책과 부록 2책을 포함해 모두 36책이며 활자로 간행되었다. 1835년(헌종 즉위년)에 편찬이 시작되어 1838년(헌종 4)에 완성되었다.

『헌종실록』은 제24대 왕 헌종이 재위한 14년 8개월간의 역사를 편년체로 기록한 것으로, 본서 16권 8책과 행록(行錄)·애책문(哀冊文) 등을 수록한 부록 1책으로 구성되어 있다. 1851년(철종 2) 3월에 초절본(抄節本)이 완성되었고, 이를 교정해 다시 교정본(校正本)이 만들어졌다. 초절본과 교정본을 정초본(正草本)으로 최종 완성한 것은 그해 8월이었다.

『철종실록』은 제25대 왕 철종이 재위한 14년 7개월간의 역사를 편년체로 기록한 역사서로, 본문 15권 8책, 행록(行錄)·

시책문(諡冊文) 등을 수록한 부록 1책으로 구성되어 있다. 1864년(고종 1)에 찬수를 시작해 1865년(고종 2)에 완성했다.

조선의 마지막 기록 – 고종·순종

철종이 후사 없이 죽자 대왕대비였던 신정왕후(神貞王后)는 종친 이하응(李昰應)의 둘째 아들 명복(命福)을 자신의 양자로 삼아 대통의 계승자로 지명했다. 그렇게 제26대 왕 고종은 12세의 어린 나이에 왕위에 올랐다. 처음에는 대비가 수렴청정을 했지만, 사실상 흥선대원군(興宣大院君)이 섭정으로 정권을 장악했다.

흥선대원군은 안동 김 씨 세도 정치를 타파하고 왕권을 확립하기 위해 여러 가지 내정 개혁을 실시했다. 그는 당색과 문벌을 초월해 인재를 고루 등용하고 서원을 철폐했으며, 호포제(戶布制)를 실시해 양반에게도 세를 부담하게 했다. 또한 『대전회통(大典會通)』『육전조례(六典條例)』『오례편고(五禮便攷)』 등의 법전을 편찬해 법질서를 확립했다. 비변사를 폐지하고 의정부를 부활했으며, 삼군부(三軍府)를 두어 정무(政務)와 군무(軍務)도 분리했다. 이 밖에 왕실의 위엄을 복원하고자 경복궁을 중건했다. 이를 위해 원납전(願納錢)을 징수하고 문세(門稅)를 거두었으며, 전국에서 목재와 석재를 징발하고 역역(力役)을 부담시켜 양반과 서민의 원성을 사기도 했다.

대외적으로 쇄국 정책을 펼친 흥선대원군은 8,000여 명의 천주교도를 학살하는 등 천주교를 박해했다. 이 때문에 프랑스 해군이 강화도를 점령하는 병인양요(丙寅洋擾)를 겪었다. 뒤이어 대동강에서 미국 군함 제너럴셔먼호를 불태운 신미양요(辛未洋擾)를 거치면서 흥선대원군은 더욱 강력한 쇄국 정책을 썼으며, 전국에 척화비(斥和碑)를 세웠다.

그러나 흥선대원군과 적대적인 관계에 있던 명성황후(明成皇后) 일가와 보수 유생들의 공세로 섭정을 시작한 지 10년 만에 대원군은 권좌에서 물러났다. 이후 고종이 친정을 시작했으나 민 씨 척족이 요직을 차지하며 정권을 농단했다. 민 씨 척족 정권은 개화 정책을 펼쳤다. 그 결과 1876년(고종 13) 일본과 수호 조약을 체결하고 구미 열강과 차례로 조약을 맺으며 개항했다. 이어 관제와 군제를 개편하고 일본에 신사유람단(紳士遊覽團)과 수신사(修信使)를 파견했다. 이때 김홍집(金弘集)이 『조선책략(朝鮮策略)』을 들여온 일로 인해 위정척사파가 민 씨 척족 정권을 규탄하는 운동을 펼쳤다. 개화당과 수구 세력 간 갈등이 심화되는 가운데 임오군란(壬午軍亂)과 갑신정변(甲申政變)이 일어났고, 이후 청나라군과 일본군이 조선에 주둔하게 되었다.

1894년(고종 31)에 일어난 동학 농민 운동을 계기로 조선 땅에서 청일 전쟁이 일어났다. 전쟁에서 승리한 일본은 조선에 대한 주도권을 가지게 되었다. 그리고 내정 간섭을 통해 갑오경장(甲午更張)을 실시하게 했다. 이후 일본이 노골적인 침략 정책을 단행하고, 이어 각종 이권을 탈취해가자 고종과 민 씨 척족 정권은 러시아를 끌어들여 일본을 견제하려고 했다. 이에 일본은 을미사변(乙未事變)을 일으켜 명성황후를 살해했다.

이후 고종은 러시아 공사관으로 피신하는 아관파천(俄館播遷)을 단행했으며, 친러 내각이 들어서면서 각종 이권이 러시아로 넘어갔다. 국권 침해가 심해지자 국왕의 환궁과 자주독립을 요구하는 국민의 열망이 커졌다. 결국 1897년(고종 34), 고종은 다시 환궁해 대한제국(大韓帝國)을 수립하고 황제에 올랐다.

1904년(고종 41), 러일 전쟁이 일어나자 일본은 한일 의정서를 강요해 제1차 한일 협약을 맺었고, 이듬해 러일 전쟁에서 승리하면서 을사늑약(乙巳勒約)을 체결했다. 이를 통해 일본은 대한제국에 통감부(統監府)를 설치하고 권력을 장악했으며 외교권을 박탈했다. 이에 고종은 국제 정치에 호소하고자 1907년(고종 44) 6월, 네덜란드 헤이그로 이상설(李相卨)·이준(李儁)·이위종(李瑋鐘)을 파견했으나 실패했다. 결국 이 일 때문에 고종은 일제의 강요로 퇴위당했다.

고종이 강제로 퇴위당한 후 고종의 아들 순종이 대한제국의 제2대 황제로 즉위했으나, 1910년 일본이 대한제국을 무력으로 병합하면서 500년이 넘는 역사를 가진 조선은 멸망하고 말았다. 아울러 탄생한 지 얼마 안 된 대한제국도 역사 속으로 사라졌다.

『고종실록』은 조선의 제26대 왕이자 대한제국의 첫 황제였던 고종이 재위한 45년간의 역사를 편년체로 기록했다. 본서 48권 48책과 목록 4권 4책을 합쳐 52권 52책으로 간행되었다. 그러나 『고종실록』은 『순종실록』과 함께 일제강점기에 일본인이 주관하여 편찬되었기 때문에 일반적으로 『조선왕조실록』에는 포함시키지 않는다.

『순종실록』은 조선의 제27대 왕이자 대한제국의 제2대 황제였던 순종이 재위한 4년(1907~1910)과 퇴위 후 17년(1910~1926)간의 역사를 편년체로 간략히 기록했다.

제23대 순조, 60년 세도 정치가 시작되다

어린 군주의 등극

순조는 1790년(정조 14) 6월 18일에 정조와 정조의 후궁 수빈 박 씨 사이에서 태어났다. 정조의 정비 효의왕후가 후사를 잇지 못하고, 의빈 성 씨가 낳은 첫째 아들 문효세자가 5세의 나이로 일찍 죽은 이후에 왕실에서 애타게 기다리던 아들이었다. 정조는 효의왕후에게 순조를 아들로 삼게 했으며, 1800년(정조 24) 1월에 왕세자로 책봉했다. 이름은 공(玜), 자(字)는 공보(公寶)다.

1800년(정조 24) 6월 28일에 정조가 갑자기 죽자 순조는 그해 7월 4일에 제23대 왕으로 즉위했다. 아무런 준비도 없이 왕위에 오른 순조는 당시 11세의 어린 나이였다. 따라서 영조의 계비인 정순왕후가 수렴청정을 했다.

순조는 학문을 좋아하고 효도와 공손, 검소를 몸소 실천한 왕이었다. 독서를 많이 했고, 기억력도 뛰어났다. 학문적으로는 경전·역사·성리에 관한 글을 두루 읽어 저술을 남기기도 했다.

순조는 1802년(순조 2) 10월에 안동 김 씨 가문의 김조순의 딸을 왕비로 맞이했다. 그가 순원왕후다. 정조가 생전에 김조순의 딸을 세자빈으로 삼기 위해 재간택까지 해놓은 상태였다. 김조순이 시파였기 때문에 노론 벽파는 김조순의 딸을 순조비로 삼는 것을 반대했다. 그러나 정순왕후는 정조가 정해놓은 일을 쉽게 저버리지 못했고, 결국 안동 김 씨 집안과 국혼이 성사되었다. 순원왕후와 효명세자에게는 3명의 공주가 있었으며, 제24대 왕 헌종은 순조의 손자이자 효명세자의 아들이다.

정순왕후의 수렴청정

정순왕후는 공홍파인 경주 김 씨 김한구의 딸이자 김구주의 동생이다. 정순왕후가 수렴청정을 하자 노론 벽파가 정권을 잡았다. 정조가 지켜왔던 탕평의 원칙이 사라진 것이다. 그리고 이들은 정조의 세력 기반이었던 장용영을 축소시켰다. 벽파가 자신들의 정권을 안정시키려면 시파의 거두 김조순 계열의 수중에 있던 장용영을 무력화시켜야만 했기 때문이다. 이에 정순왕후는 정조의 국장에 따른 각종 비용은 물론, 1801년(순조 1)에 공노비의 혁파로 발생한 재정 손실까지 장용영에서 부담하게 해 기반을 약화시킨 후 1802년(순조 2) 1월에 장용영을 혁파했다.

왕실의 권위를 지키고자 했던 정순왕후의 뜻에 따라 임오의리에 대해서는 정조가 천명한 대로 따랐다. 그러나 정순왕후와 노론 벽파는 정적인 시파, 그중에서도 남인에 대해 강경한 태도를 보여 대대적인 소탕 작업에 나섰다.

노론 벽파가 남인을 제거하는 데 이용한 것은 천주교였다. 이가환(李家煥)을 비롯해 정약전·정약종·정약용 삼 형제 등 남인에는 유독 천주교 신봉자가 많았다. 결국 시파 제거를 위한 목적으로 시작된 천주교 탄압은 피해의 규모가 점점 커지게 되었고, 희생된 사람이 수백 명에 이르렀다. 이것이 1801년(순조 1년)에 일어난 신유박해(辛酉迫害)다. 당시 은언군과 그의 부인·며느리 등 왕실 일족, 혜경궁 홍 씨의 동생 홍낙임(洪樂任) 등도 천주교와 관련된 혐의로 처형되었다.

이 밖에 정순왕후가 수렴청정을 했던 순조 재위 초기에는 공노비 혁파, 서얼허통(庶孽許通) 등 조선 사회 신분제에 큰 변화를 가져온 주요 조치가 실시되기도 했다.

공노비 혁파

1801년(순조 1) 1월, 조정에서는 이미 유명무실해진 공노비제를 혁파하고 이들을 양역에 투입해 국가 재정을 충당하려 했다. 당시 조정에는 정순왕후의 수렴청정과 함께 노론 벽파가 주요 관직을 차지하고 있었다. 영의정 심환지를 비롯한 노론 벽파는 정조 연간에 논의된 내시노비(內寺奴婢)의 혁파에 찬성했던 인물들이다. 당시엔 채제공을 비롯한 남인 시파의 반대로 실시되지 못하다가 정조가 죽자 6개월 만에 신속하게 처결된 것이었다.

1월 28일, 정순왕후는 내시 노비 혁파를 명하고 곧바로 대제학 윤행임(尹行恁)에게 윤음(綸音: 왕이 신하나 백성에게 내리는 말)을 지어 서울과 지방에 반포하도록 했다. 이 윤음은 어린 순조의 이름으로 반포되었다. 그 내용 중에는 국왕의 입장에서 노비나 양인이 "똑같이 사랑스러운 자식이다(均是赤子)"라는 표현과 "안과 밖이 없고 귀하고 천함이 없다"는 표현이 있다. 이는 이제 집권층이 노비와 양인을 역의 부담뿐만 아니라 신분적으로도 동등한 인격체로 인정한다는 의미였다. 이전까지는 양반이 노비를 사람이 아닌 재산으로만 인식해 인간 이하의 대접을 해왔다. 그러나 이제 노비도 양인과 똑같은 인격체로 보겠다는 것이다.

윤음이 발표된 후 내시 노비 대장은 돈화문 밖에서 소각되었다. 그리하여 내시 노비는 영원히 양인의 신분으로 상승했다. 이는 노비를 양인으로 만들어 국가의 양역에 편입시키고자 한 것이다.

이때 해방된 공노비와 불태운 노비 대장의 수가 『실록』에 다음과 같이 기록되었다.

내수사 소속 각도의 노비와 영흥·함흥의 두 본궁에 소속된 노비, 육상궁·선희궁·명례궁·수진궁·어의궁·용동궁·영빈방에 소속된 각 도의 노비는 도합 3만 6,974명이었고, 노비안의 책 수는 160권이었다. 종묘서·사직서·경모궁·기로소·종친부·의정부·의빈부·돈녕부·충훈부·상의원·이조·호조·예조·형조·의금부·도총부·좌순청·우순청·장용영·내시부·장례원·사간원·성균관·홍문관·예문관·종부시·내섬시·사옹원·시강원·익위사·사포서·중학·동학·남학·서학에 소속된 각 도의 노비는 도합 2만 9,093명이었고, 노비안의 책 수는 1,209권이었다.

『순조실록』 2권, 1년 1월 28일

또한 2월 24일에는 지방 각 고을에 보관된 노비 대장과 국왕의 개인 금고인 내탕고에서 소장한 노비 대장도 모두 불살라버렸다.

그러나 공노비 해방 후에도 집권 세력은 자신들이 소유한 사노비를 해방시키지 않았다. 공노비제가 법제적으로 완전히 사라진 시기는 90여 년이 지난 1894년(고종 31) 갑오경장 때였다.

신유박해

18세기 말부터 천주교가 조선 사회에 본격적으로 전파되기 시작했다. 그리하여 왕실에서조차 천주교 신자가 나올 정도였다. 당시 정조와 남인 재상 채제공은 이들을 문제 삼지 않는 입장이었다.

천주교는 서학 또는 천주학이라는 이름으로 서양의 과학 지식과 함께 전파되었는데, 정계에서 소외된 재야 남인을 중심으로 점차 천주교에 심취하는 경향이 나타났다. 이승훈(李承薰)·이벽(李檗)·권철신(權哲身)·이가환·정약용 등이 대표적인 인물이다. 특히 이가환과 정약용은 뛰어난 문장과 단아한 모습으로 많은 사람의 추종을 받았다. 이런 두 사람이 천주교에 심취하자 이들의 추종자도 그 길을 따랐다.

천주교의 확산과 함께 천주교회의 활동도 나타나기 시작했으며, 1785년(정조 9)에는 형조에서 천주교도들을 적발해 순교자가 발생하기도 했다. 1794년(정조 18) 말에는 청나라에서 주문모(周文謨) 신부를 영입하는 등 조직적인 선교 활동이 시작되었다. 그리하여 1800년(정조 24)에는 교인이 1만 명으로 늘어나는 등 교세가 급속도로 퍼졌다.

이렇게 되자 노론 벽파는 천주교를 사학으로 규정해 성토했다. 또한 이와 관련된 인물들을 비난하는 「상소」가 연일 올라왔다. 그러나 정조는 사교는 저절로 일어났다가 저절로 없어질 것이며 유학을 진흥시켜 막을 수 있다고 하면서 적극적으로 박해하지 않았다. 물론 이러한 배경에는 남인 시파의 실권자인 채제공의 영향도 작용했다.

노론은 기회를 봐서 천주교를 빌미로 남인 시파를 일망타진해 정계에서 영원히 축출하려 했다. 그리고 정조가 죽자마자 피의 숙청을 시작했다. 채제공까지 죽고 정계의 주도 세력이 노론 벽파로 바뀌면서 대대적인 천주교 박해가 일어난 것이다.

선봉장인 심환지를 비롯한 벽파는 천주교를 '인륜을 저버린 종교'라고 비난했다. 대왕대비인 정순왕후는 배후 인물을 철저히 밝혀낸 후 관련자들을 처형하라고 지시했다. 정순왕후는 이를 위해 남인 목만중(睦萬中)을 대사간에 임명하고 이 사건의 수사를 맡겼다. 채제공 일파와 사이가 좋지 않던 목만중은 대사간이 된 이후에 이가환·이승훈·정약전·정약종·정약용·홍교만(洪敎萬)·홍낙민(洪樂敏)·이기양(李基讓)·권철신 등을 성토하고, 주문모의 정체를 밝혀냈다.

당시 오가작통법(五家作統法)으로 천주교도를 색출해 이 중 300여 명이 순교했다. 이때 순교한 인물로는 주문모와 초기교회의 지도자인 이승훈·정약종이며, 최창현(崔昌顯)·강완숙(姜完淑)·최필공(崔必恭)·홍교만·김건순(金健淳)·홍낙민 등이 서소문 밖에서 처형되었다. 그리고 왕족인 은언군의 처 송 씨와 며느리 신 씨도 사사되었다.

신유박해는 기호 남인을 정계에서 완전히 배제한 사건이었다. 노론은 1694년(숙종 20) 갑술환국으로 영남과 기호 남인을 정계에서 축출하더니 이어 소론을 제거하고, 또다시 신유박해로 기호 남인을 모조리 몰아냈다. 이제 정치는 안동 김 씨의 손에서 놀아났다. 이들에게 아첨하거나 뇌물을 주는 자만이 벼슬하는 시절이 된 것이다. 조선의 수많은 인재는 처형되었고, 겨우 살아남은 인재도 귀양 가거나 재야에 묻혀 학문에 열중할 수밖에 없었다. 인재 등용이 세도 가문에 의해 좌지우지되자 정치는 이전보다 오히려 퇴보했고, 가렴주구(苛斂誅求: 가혹하게 세금과 재물을 빼앗음)에다 자연재해까지 겹쳐 민중의 삶은 더욱 피폐해졌다.

황사영 백서 사건

1801년(순조 1) 9월에 「황사영(黃嗣永) 백서(帛書)」 사건이 터졌다. 황사영은 그해 봄부터 이루어진 신유박해의 전말과 대응책을 비단에 적어 비밀리에 청나라 북경의 구베아(湯土選, Alexandre de Gouvéa) 주교에게 보내려 했다. 그는 충북 제천 배론 산중으로 피신해 토굴에 숨어서 자신이 겪은 박해 내용을 일일이 기록했다. 이때 그는 동지 황심(黃沁)·옥천희(玉千禧)를 만나 천주교의 장래에 대해 상의하고, 「백서」를 북경 주교에게 전달하려는 의사를 전했다. 그는 길이 62센티미터, 너비 38센티미터의 비단에 한 줄에 95~127자씩 121행, 모두 1만 3,311자를 깨알처럼 썼다. 그리고 옥천희로 하여금 10월에 청나라로 떠나는 동지사 일행에 끼어 북경 주교에게 전달하게 하려고 계획했다.

그러나 9월 20일에 옥천희가 먼저 잡히고, 이어 황심이 26일에 체포되면서 「백서」는 사전에 압수되었고, 황사영도 29일에 체포되었다. 황사영은 대역부도죄로 11월 5일 서소문 밖에서 능지처참되었고, 어머니와 작은아버지, 아내와 아들도 모두 귀양 갔다.

「백서」에는 조선 교회를 재건하고 신앙의 자유를 획득할 방안으로, 조선이 선교사를 받아들이도록 청나라 황제가 조선 정부에 강요할 것을 요청하는 내용이 있었다. 그렇지 않으면 조선을 청나라의 한 성으로 편입시켜 감독하게 할 필요성을 제기했다. 아울러 서양의 배 수백 척과 군대 5~6만 명을 조선에 보내어 조정이 신앙의 자유를 허용하도록 하는 방안도 제시되어 있었다.

이러한 내용을 접한 조선 조정에서는 너무나 놀란 나머지 관련자들을 즉각 처형하고 동시에 천주교인들에 대한 탄압을 한층 더 강화했다. 그런가 하면 「백서」의 사본이 청나라에 전달되어 주문모 신부의 처형 사실이 알려질 것을 염려한 나머지, 그해 10월에 파견된 동지사에게 진주사를 겸하게 하고 「토사주문(討邪奏文)」과 함께 「황사영 백서」의 내용을 16행 923자로 요약해 청나라 예부에 제출하게 했다. 그간에 이루어진 박해가 정당했음을 설명하기 위함이었다.

황사영은 한림박사 황석범(黃錫範)의 유복자로 태어났다. 그는 정약종의 맏형인 정약현의 딸 명련(命連)과 혼인했다. 그는 스승이자 처숙인 정약종에게 교리를 배우고 진지한 토론과 고민 끝에 천주교에 입교했다. 그 뒤 1795년(정조 19) 주문모를 만나 그의 측근 인물로 활동했고, 1798년(정조 22) 경기도 고양에서 서울 아현동으로 이사하면서 서울 지역의 지도적인 활동가로 부상했다.

그러나 그는 서구의 무력으로 조선을 쳐 종교의 자유를 확보하려고 한 행동 때문에 누구에게도 용서받지 못했다. 처숙인 정약용도 그의 「자찬묘지명(自撰墓誌銘)」에서 "역적 황사영이 체포되었다"고 그를 역적으로 기술했다. 「황사영 백서」사건은 천주교도를 비롯해 그와 조금이라도 관련 있는 정치 세력이 더욱 박해받는 결과를 초래했다.

김달순의 옥사

1803년(순조 3) 12월, 정순왕후가 수렴청정을 거두자 경주 김 씨를 중심으로 한 벽파 세력은 급격히 약해졌다. 그 대신 김조순을 중심으로 하는 안동 김 씨 세력인 시파가 점차 정계에 등장하기 시작했다. 특히 안동 김 씨는 권력의 핵심인 비변사를 장악하고 실권을 행사했다. 김조순은 규장각 제학, 검교 등의 관직을 역임하면서 정조의 권위에 가탁해 이를 자신의 권력 기반으로 키워갔다.

한편 정조 대에 이어 순조 연간에도 신임사화와 임오화변에 대한 의리 논쟁이 자주 일어났다. 김달순(金達淳)의 옥사는 그와 관련한 정치 사건이었다. 김달순은 1805년(순조 5) 12월에 벽파의 핵심인 김관주(金觀柱)의 추천으로 우의정에 올랐다. 김달순은 조선 후기의 명문 안동 김 씨 가문이었으나 정치적으로 시파가 아닌 벽파에 속해 있었다.

그런데 벽파의 후견자였던 정순왕후가 1805년(순조 5) 1월에 죽자 벽파의 구심점인 김관주는 순조가 자라는 것을 보고 근심에 싸였다. 순조가 장성하면 반드시 부왕 정조를 본받아 벽파를 원수처럼 여겨 정치 보복을 할지도 모르기 때문이었다. 김관주는 아직 순조가 어릴 때 사도세자에 대한 입장을 정리해두는 것이 좋겠다고 생각했다.

김관주는 순조의 생모인 수빈 박 씨의 오빠 박종경(朴宗慶)을 만났다. 그리고 그에게 영조 때 사도세자의 잘못을 간했던 박치원(朴致遠)과 윤재겸(尹在謙)을 포상하도록 주청하라고 시켰다. 그렇게 해서 사도세자가 간언(諫言)을 용납하는 덕이 있었다는 사실을 세상에 알리자는 것이었다. 그러고 나서 자신의 추천으로 우의정에 오른 김달순이 순조에게 같은 내용을 이야기하면 사도세자에 대한 벽파의 입장이 정리될 거라고 생각했다. 박종경도 이 말에 동의하고 김관주가 시키는 대로 하기로 했다.

그런데 박종경이 입궐하려던 그날, 공교롭게도 박종경의 아버지인 박준원(朴準源)이 계획을 미리 알고 집안에 화가 미칠 것을 우려해 박종경을 입궐하지 못하도록 막았다. 이러한 사실을 알지 못했던 김달순은 박종경이 이미 순조를 만나 이야기했다고 생각했다. 그러고는 순조에게 「영남 만인소」의 주모자인 이우(李瑀)를 처벌하고 박치원과 윤재겸에게 벼슬과 시호를 내려줄 것을 청했다. 그러나 이야기를 처음 듣는 순조는 김달순의 주청에 어리둥절할 수밖에 없었다. 그리고 이 문제에 대해 순조는 다음과 같이 결론을 내렸다.

우상의 거조 가운데 이우·박하원(朴夏源) 등의 일은 바로 근래에 관계되는 일이니, 으레 상량(商量)해 처분해야 한다. 그리고 박치원·윤재겸의 일에 이르러서는 오래전의 일이기는 하지만 크게 의리에 관계되는 것이니, 상세히 살펴서 조처하지 않을 수 없었다. (중략) 경모궁(景慕宮: 사도세자를 말함)이 간언을 용납한 성덕(聖德)에 대해서 내가 진실로 흠앙하지만 조(祖)·자(子)·손(孫)은 본래 일체인데, 선조(先朝)께서 차마 볼 수 없고 차마 말할 수 없었던 일을 내가 어떻게 오늘날에 와서 포증(褒贈)할 수가 있겠는가? 경 등은 모두 선조의 구신들이니, 모쪼록 차례대로 상세히 진달(進達: 공문서를 올림)하는 것이 옳겠다.

『순조실록』 8권, 순조 6년 1월 6일

순조는 박치원·윤재겸에게 벼슬과 시호를 내릴 수 없다는 뜻을 밝히고, 임오의리는 "차마 볼 수 없고 차마 말할 수 없는" 일이므로 더 이상 거론하지 말 것을 분명히 했다.

상황이 이렇게 되자 평소 김달순과 정적 관계인 김명순(金明淳)은 김달순을 비난하면서 동시에 조득영(趙得永)에게 김달순을 탄핵하게 했다. 결국 김달순은 유배되었다가 그해 4월에 사사되었다. 김달순의 처형으로 김관주·심환지 등 벽파의 핵심 인사는 모두 권력에서 밀려나고 시파 정권이 들어서게 되었다.

이처럼 안동 김 씨 세력은 김달순의 옥사에서 그동안 벽파 공격에 소극적이던 반남 박 씨 세력의 협조를 받고, 여기에 풍양 조 씨 조득영의 후원을 받아 경주 김 씨와 벽파를 물리치고 정권을 장악하게 되었다. 풍양 조 씨 세력은 조득영이 벽파를 물리치는 데 공을 세웠기에 훗날 그의 8촌인 조만영의 딸이 세자빈(신정왕후)으로 간택될 수 있는 기반을 다질 수 있었다.

안동 김 씨의 세도

김조순은 순조의 장인이 된 뒤 국왕 대신 권력을 휘둘렀다. 그리고 헌종·철종에 이르기까지 3대에 걸쳐 세도 정치를 펼쳤다.

김조순은 장동(壯洞)에서 교동(校洞)으로 이사했는데, 그가 죽고 아들 김유근(金逌根)·김좌근(金左根)과 손자 김병기(金炳冀)가 이어서 교동에 살았다. 김조순의 7촌 조카이자 철종의 장인인 김문근과 그의 뒤를 이어 정권을 잡은 조카 김병학(金炳學)·김병국(金炳國)은 모두 전동(磚洞)에 살았다. 그래서 당시 서울에서는 전동·교동의 명성이 자자했으며, 구한말까지 '전·교동 시절'이라는 유행어가 퍼졌다. 권력을 10년 동안 유지하기 어렵다고 하지만, 안동 김 씨는 60여 년간 세도를 누렸다. 심지어 1863년(철종 14)에 흥선대원군이 정권을 잡은 뒤에도 이들은 한동안 권력의 핵심부에 있었다.

안동 김 씨 세도의 핵심 인물은 바로 김조순·김좌근·김문근·김병기 등이었다. 60년 동안 안동 김 씨는 항렬로 보면 '순(淳)'자, '근(根)'자, '병(炳)'자가 벼슬을 독차지했다. 전주 이 씨는 관례를 치를 때 주례로 세울 사람이 마땅하지 않을 정도로 몰락했으나, 순조·헌종·철종의 처가인 안동 김 씨는 권력과 부를 마음껏 누렸다.

안동 김 씨 세도 정치가 이토록 오래 지속될 수 있었던 것은 이들의 조상이 충절과 학문을 쌓아온 덕택이었다. 김상용(金尚容)과 김상헌(金尚憲)이 정유길(鄭惟吉)의 외손자인데, 동래 정 씨는 정태화(鄭太和)·정만화(鄭萬和)·정치화(鄭致和) 등 조선에서 정승을 가장 많이 배출한 집안이다. 송시열은 정 씨 집안을 큰기러기와 고니로, 자기 집은 지렁이로 비유한 적도 있었다.

조선의 지배층이 동인과 서인으로 나뉘어 당쟁을 시작한 이래로 지나친 반목이 문제였다. 그래도 서로의 실정을 견제하는 순기능도 있었다. 그러나 세도 정치가 지속되는 동안에는 아무도 이들의 실정을 바로잡지 못했다. 왕권조차 세도가 앞에서는 아무런 힘을 발휘하지 못했다.

견제 세력이 없는 권력은 결국 부패하게 마련이다. 안동 김씨의 세도 정치가 시작된 순조 재위 기간 삼정이 문란해지고 지방관의 부정부패가 극에 달했다. 세도가들은 부패한 관리들의 뇌물로 가산을 늘렸고, 백성의 삶은 더욱 힘들어졌다.

홍경래의 난

세도 정치의 폐해가 계속되는 가운데 여기저기서 농민 반란이 일어나기 시작했다. 1811년(순조 11)에 일어난 홍경래(洪景來)의 난이 대표적이다.

홍경래는 평안도 용강군에서 평민의 아들로 태어났고, 스스로 경전과 역사를 공부하고 병서를 익혔다. 평안도에서 실시한 향시에 합격했으나 본시험인 회시에는 응시하지 않았다. 과거에 합격한다 한들 출세가 보장되지 않았기 때문이다. 조선왕조는 건국 초부터 대대로 서북 지역 사람을 차별대우했다. 설상가상으로 흉년과 부패한 관리의 가혹한 세금 착취로 서북인들의 원한은 극에 달한 상태였다. 이에 홍경래는 반란을 계획하게 되었다.

한편 1791년(정조 15)에 실시된 신해통공(辛亥通共) 이후 어느 정도 상업 자유화가 이루어지면서 상업 활동을 통해 부를 축적한 새로운 계층이 생겨났다. 특히 평안도는 정부의 규제에도 불구하고 청나라와 무역이 더욱 활발해져 개성 상인과 의주 상인 중에서 거상으로 성장한 사람이 많았다. 또한 광산이 개발되면서 해방된 공노비들이 새로운 일자리를 찾아 이 지역으로 몰려들었다.

홍경래는 이렇게 평안도와 황해도에서 새롭게 성장한 부호 세력을 같은 편으로 끌어들였다. 이들의 탄탄한 경제력과 조직력은 봉기에 큰 역할을 했다. 이어 홍경래는 일반 백성과 천민을 끌어모아 봉기군에 참여한 사람의 수는 수천 명에 이르렀다. 오랜 시간을 두고 치밀하게 준비한 결과였다.

1811년(순조 11) 12월 18일, 홍경래는 우군칙(禹君則)·김창시(金昌始) 등과 함께 거병해 10여 일 만에 청천강 이북 지역을 거의 장악했다. 반란군은 1812년(순조 12) 1월에 정주성을 함락하고 남진을 시도했다. 그러나 정부 토벌대의 공격에 막혀 정주성에 고립된 채 4개월가량 버티다가 섬멸되었다.

홍경래의 난은 평정되었지만 이후 전국 각지에서 크고 작은 농민 반란이 끊이지 않았다. 조선 시대 내내 모순된 신분 제도와 세금 제도로 고통받던 백성의 삶은 조선 후기에 접어들면서 더욱 피폐해졌다. 순조 대 이후 빈번해진 농민의 무력 봉기는 불만이 극에 달한 백성의 저항 의식이 표출된 것이었다.

한편 홍경래의 난이 일어났을 때 순조는 중풍을 앓고 있었다. 그리하여 장인 김조순, 훈련대장 박종경과 정사를 논의해 처리했다. 그런데 이 무렵 안동 김 씨의 후원을 받은 조득영이 「소」를 올려 박종경이 군사권과 경제권을 모두 잡아 왕권을 뒤흔들고 있다고 주장했다. 이 말을 들은 박종경은 병부를 반납하고 서울을 떠났다. 그는 순조가 불러도 오지 않다가 양주 목사로 좌천되었다. 이렇게 반남 박 씨 세력이 정계에서 물러나면서 안동 김 씨 세력의 핵심인 김조순이 확실하게 정권을 잡게 되었다.

효명세자의 대리청정

순조는 27년간 보위에 있으면서 안동 김 씨의 세도에 염증을 느꼈다. 그리하여 1827년(순조 27) 2월부터 효명세자에게 대리청정을 하도록 했다. 세자의 처가인 풍양 조 씨를 등용해 안동 김 씨 세력을 견제하려던 것이다.

대리청정에 나선 효명세자는 1776년(영조 52)에 영조가 정리한 신임의리를 재천명했다. 그리고 청의(淸議)를 내세우며 척족의 정치 참여에 반대했던 노론 인사를 중심으로 정치 세력을 새롭게 재편했다. 그는 대리청정 나흘 만에 종묘와 경모궁의 예식 절차를 트집 잡아 안동 김 씨 계열인 전 이조판서 이희갑(李羲甲)·김재창(金在昌)과 현 이조판서 김이교(金履喬)를 감봉에 처했다. 안동 김 씨 세력에 대한 견제를 시작한 것이다.

효명세자는 정국 안정을 위해 자기 세력을 요직에 등용하려 했다. 우선 자신의 측근인 김로(金輅)·이인보(李仁輔)·홍기섭(洪起燮)·김노경(金魯敬)에게 이조·병조의 인사권과 경제권을 맡겼다. 여기에 세자의 처가인 풍양 조 씨 조만영(趙萬永)·조인영(趙寅永)·조종영(趙鍾永)·조병현(趙秉鉉) 등이 세자를 측근에서 지원했다. 특히 세자의 처삼촌인 조인영은 홍문관 대제학, 규장각의 검교·제학, 성균관 대사성 등 학술 관련 요직을 역임했다.

세자의 장인인 조만영은 훈련도감, 이조·호조·병조판서, 선혜청 당상 등 핵심 요직을 두루 거치며 군사·인사·경제권을 모두 장악했다. 특히 훈련대장 재직 시에는 주전(鑄錢: 돈을 주조함)을 요청했다. 새로 주조한 돈과 이자를 선혜청과 훈련도감에 소속시켜 재정을 확보하고자 한 것이다. 이때 호조판서 김로가 그를 보좌해 주전 실무를 맡았다. 김로의 후임으로는 역시 풍양 조 씨 일파인 조만영·김노경이 연차적으로 임명되었다. 주전은 대리청정기에 정치 자금을 조달하는 중요한 수단이 되었다.

19세기 세도 정치기에 권력의 핵심 기구는 단연 비변사였다. 세자는 대리청정을 하면서 심상규(沈象奎)·이상황(李相璜)·이존수(李存秀)·남공철(南公轍) 등 안동 김 씨 계열을 정승으로 임명했다. 그리고 김노경·조종영·조만영·홍기섭·박종훈(朴宗薰)·김로·조인영 등 자신의 측근 세력은 비변사 실무 전임 당상으로 두었다. 결국 이상황은 좌의정에서 물러났고, 영의정 남공철도 물러나게 되었다.

1829년(순조 29) 7월에는 김조순의 7촌 조카인 김교근(金敎根)과 그 아들 김병조가 심영석(沈英錫)에게 정치 비리로 탄핵을 받았다. 이에 김교근은 황해도 옹진에 유배되었다. 이처럼 김교근·김유근 등 안동 김 씨의 유력자들은 정계에서 쫓겨났다. 그 대신 세자의 측근 세력이 비변사를 확실하게 장악해 안동 김 씨를 견제하고 왕권을 강화하는 기반을 마련했다.

그런데 1829년(순조 29) 11월, 부호군 신의학(愼宜學)의 「상소」가 올라왔다. 그는 정조가 죽기 12일 전에 벽파의 의리를 공인한 '오회연교'를 거론하며 시파 김이재를 처벌할 것을 주장했다. 이에 안동 김 씨인 김이재는 벽파가 신의학을 앞세워 자기 집안을 원수로 보고 있다고 주장했다. 자신의 할아버지 김시찬(金時粲)이 김구주·김한록(金漢祿) 등 벽파의 흉모를 좌절시켰기 때문이라는 것이었다. 결국 신의학이 처형되면서 신의학과 안동 김 씨 사이의 갈등은 안동 김 씨에게 유리하게 되는 듯했다. 그러나 세자는 대리청정 동안 외가인 안동 김 씨와 처가인 풍양 조 씨 어느 쪽에도 힘을 실어주지 않았다. 오히려 안동 김 씨의 세도를 견제하려는 부왕 순조의 뜻을 실천하고자 고심했다.

그런데 대리청정에 너무 지친 탓인지 효명세자는 병이 들고 말았다. 1830년(순조 30) 윤4월 22일부터 효명세자가 피를 토하기 시작하자 약원(藥院)에서 매일 궁궐에 들어가 진찰했다. 김조순·조만영·조병구(趙秉龜), 그리고 동녕위 김현근(金賢根)이 특별 당번을 섰다. 또한 정약용 등이 약을 제조하는 일에 동참했다. 그러나 세자는 회복하지 못하고 1830년(순조 30) 5월 6일에 22세의 나이로 죽었다.

효명세자가 죽자 풍양 조 씨를 중심으로 한 정치 세력은 위기를 맞이했다. 안동 김 씨 세력은 효명세자의 측근이었던 김로·김노경·홍기섭·이인보 등을 대리청정기의 '4간신(四奸臣)'으로 지목하고 이들을 처단해야 한다고 주장했다. 결국 네 사람은 모두 유배되었다. 그런데 2년 뒤인 1832년(순조 32) 순조가 조인영에게 세손(헌종)의 보호를 부탁했다. 이는 조인영이 헌종 대에 풍양 조 씨 세도를 유지할 수 있는 기반이 되었다.

순조는 효명세자가 죽고 4년이 지난 1834년(순조 34) 11월 13일에 45세의 나이로 죽었다. 순조는 검소하고 덕이 높으며 학문을 사랑한 왕이었다. 그러나 외척의 세도 정치에 밀려 제대로 된 왕권을 행사하지 못했다. 34년의 통치 기간 잦은 흉년으로 백성의 삶은 고통스러웠으며, 신유박해와 농민 반란 등으로 나라가 어지러웠다.

능은 경기도 광주에 있는 인릉(仁陵)이다.

제24대 헌종, 풍양 조 씨 세도 속에서 서양 세력과 맞서다

8세의 나이로 왕위에 오르다

헌종은 1827년(순조 27) 7월 18일에 창경궁 경춘전에서 태어났다. 이름은 환(奐), 자는 문응(文應). 순조의 손자이자 효명세자의 아들이며, 어머니는 신정왕후다. 신정왕후는 헌종이 태어나기 전에 효명세자에게 조각된 옥과 나무 상자를 받는 꿈을 꾸었다. 이로부터 얼마 지나지 않아 태기가 있었으니 이것이 헌종의 태몽이었다. 헌종이 태어나던 날에는 학이 떼를 지어 날아와 궁궐 위를 배회하다가 날아가기도 했다.

헌종은 어린 나이에 이미 『천자문(千字文)』 가운데 1백여 글자를 알았다고 한다. 4세 때인 1830년(순조 30)에 아버지 효명세자가 죽고, 곧이어 왕세손에 책봉되었다. 1832년(순조 32) 9월부터는 정식으로 왕세손 교육을 받기 시작했다. 헌종은 특히 당송팔대가(唐宋八大家)의 한 사람인 소식(蘇軾)의 글과 충실한 주자학파의 일원이었던 진덕수(眞德秀)의 『대학연의(大學衍義)』를 즐겨 읽었다.

1834년(순조 34)에 순조가 죽자 헌종은 8세의 어린 나이로 조선 제24대 왕으로 즉위했다. 즉위 당시 나이가 너무 어려 순원왕후 김 씨가 수렴청정을 했고, 국가 서무의 모든 결재는 순원왕후가 맡아서 처리했다. 헌종은 스스로 결정할 사항이 있더라도 반드시 순원왕후에게 여쭌 뒤에 실시했다.

헌종은 11세가 되던 1837년(헌종 3) 3월에 김조근(金祖根)의 딸과 혼례를 올리니, 그가 효현왕후(孝顯王后)다. 이로써 왕의 장인인 김조근은 안동 김 씨 가문의 중심에서 풍양 조 씨의 세도 권력에 대응해야 할 처지에 있었다.

한편 헌종이 14세가 되던 1840년(헌종 6) 12월에 순원왕후는 수렴청정을 거두며 헌종에게 국사를 부탁하는 「교서」를 내렸다. 그리하여 1841년(헌종 7) 1월, 헌종은 처음으로 조정의 신하를 모아놓고 국무 회의를 주재했다. 맨 먼저 헌종은 신임사화 때 희생되었다가 신원된 이건명(李健命)·이만성(李晚成)·조성복(趙聖復) 등의 후손을 등용했다. 이는 국가에 충성을 다한 신하를 표창한다는 의미였다. 아울러 대신과 판서에게는 혼탁한 관료계를 청신하게 하려고 청백리를 추천하게 했다. 그리고 명망 있는 유학자인 송계간(宋啓幹)·김인근(金仁根)·성근묵(成近默) 등을 속히 서울로 올라오게 했다. 당시 학계의 도움이 필요했던 것이다.

또한 안동 김 씨의 선조 중에서 김수항(金壽恒)을 불천위(不遷位: 국가에 큰 공훈이 있는 경우 사당에 영원히 모시는 신위)로 모시게 하고 임진왜란 때 공을 세운 권율의 사당을 행주산성에 짓게 했다. 그리고 신임사화 때 죽은 노론 4대신을 모신 사충사(四忠祠)에도 제사를 올리게 했다.

1843년(헌종 9) 8월에 효현왕후가 죽었다. 그러자 이듬해 10월 홍재룡(洪在龍)의 딸을 계비로 맞이하니, 그가 효정왕후(孝定王后)다. 헌종은 두 명의 왕비와 한 명의 후궁(경빈)을 두었는데, 모두 후사를 보지 못했다. 이 밖에 궁인 김 씨가 딸을 한 명 낳았으나 일찍 죽었다.

풍양 조 씨의 세도 정치

풍양 조 씨는 조선 후기 대표적인 명문이다. 풍양 조 씨 중에서도 세도를 부린 계통은 조선 초기에 회양부사를 지낸 조신(趙愼)의 후손이다. 18세기에 들어 조문명·조현명 형제는 소론으로 영조가 탕평책을 추진하는 데 적극적으로 참여하기도 했다. 그러다 영조 말년에는 몰락의 길을 걸었다. 그래서 이 형제를 이은 후손은 18세기 말부터 더 이상 고위 관직에 오르지 못했다.

풍양 조 씨 세도 정치는 19세기 초 조득영의 정치 활동에서부터 시작되었다. 조득영은 1806년(순조 6)에 형조참판으로 재직할 때 정순왕후 세력인 우의정 김달순이 경연 석상에서 한 말을 문제 삼아 그를 탄핵했다. 이로써 조득영은 이조참판으로 승진하고 다시 병조판서에 특별히 임명되었다. 그는 정순왕후를 중심으로 한 벽파를 물리치는 데 큰 공을 세웠다. 그리고 장차 안동 김 씨 시파 세력이 일선에서 활동할 수 있도록 길을 열어주었다. 풍양 조 씨가 세도를 부릴 수 있었던 이유는 이처럼 조득영이 안동 김 씨와 정치적으로 공조한 데서부터 시작되었다.

본격적인 풍양 조 씨의 세도 정치는 1819년(순조 19)에 조만영의 딸이 효명세자의 빈으로 책봉되면서부터 시작되었다. 조진관(趙鎭寬)의 아들인 조만영은 1827년(순조 27) 이조판서 김교근이 병으로 눕자 그 자리에 대신 올라 인사권을 장악했다. 이어 순조가 안동 김 씨 세도를 견제할 목적으로 건강상의 이유를 들어 세자에게 대리정청을 명했다. 그와 함께 조만영은 어영대장을 겸직하면서 실력자로 부상했다. 이로써 풍양 조 씨 세도의 기초가 튼튼하게 마련되었다. 조만영은 또한 훈련대장으로서 군사권을 장악하고, 1829년(순조 29)에는 호조판서에 임명되어 경제권까지 관장했다.

1830년(순조 30)에 효명세자가 갑자기 죽자 풍양 조 씨 세력은 정계에서 밀려났다. 그러나 조만영은 계속해서 호조판서와 예조판서에 임명되어 세손(헌종)을 보호하는 데 힘썼다. 헌종이 즉위하자 조만영은 1838년(헌종 4)에 훈련대장·호위대장·어영대장을 역임하면 불안한 왕실을 보호했다.

조만영의 동생인 조인영은 1819년(순조 19) 문과에 장원으로 급제했다. 1830년(순조 30)에 효명세자가 죽자 나라와 풍양조 씨 가문의 앞날을 걱정했던 조인영은 1834년(헌종 즉위년)에 효명세자의 아들 헌종이 즉위하자 이조판서에 임명되었다.

한편 1837년(헌종 3), 안동 김 씨 세도가인 김유근이 병석에 누우면서 안동 김 씨의 가세도 수그러들었다. 이때부터 풍양조 씨가 세력을 펴기 시작했다. 이에 순조로부터 헌종을 보도할 중대한 임무를 부여받은 조인영은 인사권을 장악했다. 또한 그의 조카 조병현이 형조판서가 되어 형사·재판권을 장악했다. 정치 실권을 장악한 두 사람은 척사(斥邪) 정책을 강력하게 펼쳤다. 조인영은 그해 기해사옥(己亥迫害)을 주도해 우의정에 임명되고,『척사윤음(斥邪綸音)』을 지어 헌종에게 바친 후 반포하게 했다.

조인영은 1841년(헌종 7)에 영의정이 되어 안동 김 씨 세도를 누르고 풍양 조 씨 세도를 구축했다. 이후 영의정에서 물러났다가 1842년(헌종 8)과 1844년(헌종 10)에 다시 영의정에 기용되었다. 그러나 1849년(헌종 15)에 헌종이 죽자, 조인영을 중심으로 한 풍양 조 씨는 안동 김 씨 세력에 밀리게 되었다.

조병현은 조득영의 아들로 1822년(순조 22) 문과에 급제한 뒤 예조판서·형조판서·대사헌·병조판서·이조판서를 두루 역임했다. 1843년(헌종 9)에 김조근의 딸인 헌종비 효현왕후가 죽고 이듬해 홍재룡의 딸 효정왕후가 계비로 간택되었다. 그러자 조병현은 권력이 남양 홍 씨에게 쏠리는 것을 경계해 김재청(金在淸)의 딸 경빈을 헌종의 후궁으로 삼도록 했다. 조병현은 궁인에게 몰래 뇌물을 주어 헌종이 효정왕후를 멀리하도록 일을 꾸미기도 했다. 조만영·조인영·조병구 등과 함께 풍양 조 씨 세도 정치의 핵심 인물이었던 조병현은 안동 김 씨 김홍근(金弘根)·김유근 등과 권력 다툼을 벌였다.

한편 풍양 조 씨 세도는 신정왕후 조 씨가 건재한 덕분에 헌종 사후까지도 이어질 수 있었다. 특히 헌종에 이어 왕위에 오른 철종이 1863년(철종 14)에 후사 없이 죽자 왕위 계승을 둘러싸고 안동 김 씨와 풍양 조 씨 두 척족이 대립하게 되었다. 이때 왕위 계승 지명권을 쥐고 있던 신정왕후는 그동안 세도를 부리던 안동 김 씨 세력을 누르기 위해 사도세자의 증손 흥선군 이하응과 손을 잡고 그의 둘째 아들 명복을 왕위에 오르게 했다. 그가 바로 고종이다. 안동 김 씨 60년의 세도 정치를 종식시킨 데 신정왕후의 정치력이 작용한 것이다.

신정왕후는 고종이 즉위하자 수렴청정을 했다. 그리고 익종(효명세자)의 대통을 잇게 하기 위해 고종을 자기 아들로 삼았다. 그렇다고 정권이 풍양 조 씨 쪽으로 넘어간 것은 아니었다. 오히려 1866년(고종 3) 수렴청정을 거둔 후에는 권력이 흥선대원군에게 넘어갔다. 1873년(고종 10) 겨울 흥선대원군이 실각한 후 신정왕후의 조카인 조성하(趙成夏)가 고종을 모시면서 풍양 조 씨 세도는 겨우 명맥을 유지했다.

이양선 출몰

18세기 이후 유럽 제국, 특히 영국과 프랑스는 기선(汽船: 증기 기관으로 움직이는 배)을 앞세워 동양으로 손을 뻗치고 있었다. 서구에서는 우수한 선박과 나침반으로 항해술이 날로 발전했다. 이에 따라 무역선과 군함이 동쪽 해양에 출몰하는 일이 빈번해졌다.

그런데 두 나라가 동양에 진출하려는 목적은 서로 달랐다. 영국은 상업 활동을 하려던 반면, 프랑스는 교세를 신장하려 했다. 그래서 영국은 인도에 회사를 설립하고 병탄(倂呑: 다른 나라의 재물과 영토를 빼앗음) 계획을 세웠고, 프랑스는 안남(安南: 베트남)에 교회를 창설한다는 구실로 침략의 야욕을 드러내고 있었다.

이미 근거지를 확보한 영국과 프랑스는 세력 확장을 위해 동쪽으로 이동했다. 그러면서 청나라의 광동·홍콩·마카오 등이 서양인의 거류지로 변했다. 이에 서양과 무역이 이루어졌는데, 영국이 청나라와 무역을 하는 과정에서 아편 문제로 사건이 발생했다. 1839년(헌종 5) 3월, 광동 총독이던 임칙서(林則徐)가 아편 2만 상자를 몰수해 불태운 사건이었다. 이로 인해 1840년(헌종 6) 아편 전쟁이 일어났다. 이 전쟁에서 영국·프랑스 연합군이 북경을 함락하자 청나라 조정은 큰 낭패를 보게 되었다.

당시 조선은 문호를 굳게 닫고 있어 세계정세에 어두웠고, 매년 동지사가 북경에 가서 듣고 오는 어설픈 정보가 전부였다. 한편 조선에 금은보화가 많다고 알려져 서양의 여러 나라가 눈독을 들이고 있었다. 이들은 우선 조선과 통상(通商)을 하고자 했다. 그러면서 통상을 하려는 서양 선박이 곳곳에 출몰하기 시작했다. 조선에서는 서양 선박을 이양선 혹은 황당선(荒唐船)이라고 불렀다.

조선은 전통적으로 표류인이 발생하면 반드시 북경을 통해 본국으로 송환했다. 그렇지 않으면 현종 때 제주도에 표류한 네덜란드 선박처럼 탈취하거나, 순조 때 흥양에 표류한 영국 선박처럼 쳐부숴버렸다. 이후 이양선에 대한 정책은 더욱 강경해져 고종 때 평양에 쳐들어온 미국 선박은 아예 불태워버렸다.

1846년(헌종 11) 2월, 프랑스 해군 소장 세실(Jean Baptiste Cécille)은 1839년(헌종 5)에 조선이 프랑스 선교사를 탄압한 일을 구실로 삼아 군함 3척을 이끌고 충청도 홍주의 외연도에 들어왔다. 이때 세실은 프랑스 황제의 이름으로 조선 국왕 헌종에게 보내는 「국서」를 전하고 돌아갔다. 이 프랑스 국서를 통해 프랑스 황제는 기해년에 프랑스 선교사 세 사람을 참혹하게 죽인 사실에 대한 경위를 따지면서 이에 대한 대답을 요구했다. 그러면서 내년에 전선이 올 것이니 그때 이에 대해 회답을 하라고 했다.

또한 이후 자국 사람을 해칠 때는 조선에 큰 재앙이 있을 것이라고 경고했다. 이는 한마디로 조선을 협박하는 문서였다. 병인양요가 일어나기 20년 전에 이미 프랑스는 조선에 전쟁의 뜻을 알렸던 것이다.

이에 헌종은 영의정 권돈인(權敦仁)과 프랑스 「국서」 문제를 놓고 상의했다. 헌종은 「국서」의 내용을 청나라에 보고해야 하지 않겠느냐고 했다. 그러나 권돈인은 기해년에 프랑스인을 처형할 때도 보고 하지 않았는데, 갑자기 「국서」의 내용을 보고한다면 도리어 청나라에 의심을 살 염려가 있다고 했다.

헌종은 권돈인의 말에 동의했다. 그리고 프랑스가 기해년의 일을 소상히 알고 있는 것은 분명 조선에 내통하는 자가 있기 때문이라는 데 의견이 모였다. 이는 국내 천주교도에 대한 탄압을 예고하는 것이었다. 결국 헌종은 조선 최초의 신부 김대건(金大建)을 처형해서 프랑스 선박 출현으로 흉흉해진 민심을 무마하고자 했다.

한편 1847년(헌종 13) 6월, 프랑스는 세실 소장이 준 「국서」에 대한 회답을 받으러 군함 글로아르호를 조선에 보냈다. 그런데 글로아르호가 전라도 만경의 고군산도 해안에서 폭풍을 만나 좌초되었고, 700여 명의 선원은 7월 10일부터 8월 9일까지 1개월간 고군산도에 머물렀다. 이때 고군산도의 주민은 선원들에게 음료수와 양식을 공급했다. 프랑스 선원들은 상해에서 빌려온 영국 배를 타고 무사히 귀국할 수 있었다.

전라감사는 사건의 전말을 담은 장계를 올렸다. 이를 검토한 비변사에서는 후환이 있을 수 있다고 판단했다. 그래서 그동안 프랑스 선박의 동정과 기해년에 프랑스인을 죽인 사실에 대해 「자문(咨文)」을 지어 청나라 예부에 보냈다. 청나라 예부에서 이 문서를 프랑스에 전달했는지는 알 수 없다. 그러나 어쨌든 조선에서는 청나라를 통해 세실의 서한에 대한 답신을 보낸 셈이 되었다. 이것은 조선이 서양에 보낸 첫 외교 문서였다.

이후에도 이양선 출몰은 계속되었다. 1848년(헌종 14) 6월에는 이양선이 함경도 앞바다에 나타났고, 12월에는 경상도·전라도·황해도·강원도·함경도 등 5도에 나타났다. 이에 조선 조정은 이양선의 연해 침입에 대비해 해안 경비를 강화했다. 이어 1849년(헌종 15) 3월, 이양선이 또다시 출몰해 민심이 크게 동요했다.

그런데 문제는 당시 조선은 서양의 사정과 물건에 대해 너무나 무지했다. 일반 백성은 물론 이른바 식자층도 사정은 마찬가지였다. 조정에서는 "성인의 도는 천하에 대적할 자가 없으니 인의(仁義)로써 방패와 창을 삼고 충신(忠信)으로써 갑옷과 투구를 삼는다"는 경직한 유학 사상을 칭찬하며 척사 기조를 유지했다. 서양 군함의 힘이 얼마나 막강한지 실체를 실감하지 못하고 있었던 것이다.

기해박해

1783년(정조 7) 겨울, 이승훈은 아버지를 따라 청나라 수도 연경에 가서 그라몽(Jean Joseph de Grammont) 신부에게 세례를 받았다. 그리고 이듬해 천주교 교리 서적과 십자가상을 구해 조선에서 천주교를 전파하기 시작했다. 그러나 당시는 주로 그의 친인척이 천주교를 믿었다.

1791년(정조 15), 조선 최초의 천주교 박해인 신해박해가 일어났다. 당시엔 정조가 처벌에 소극적이었고, 남인인 채제공이 천주교도를 감쌌기 때문에 이들의 희생이 그리 크지 않았다. 그러나 1801년(순조 1)인 신유년에 천주교도 300명을 처형한 대대적인 박해가 일어났다. 이때 천주교도의 뿌리를 완전히 뽑아버린 것 같았으나, 억압하면 할수록 천주교는 더욱 번져갔다. 그러더니 1835년(헌종 1) 겨울, 프랑스 신부 모방(Pierre Philibert Maubant)은 방갓에 상복을 입고 얼음이 꽁꽁 언 압록강을 건넜다. 그리고 이듬해 1월에 서울로 몰래 들어왔다. 이어 프랑스 신부 앵베르(Laurent Joseph Marie Imbert)가 조선 주재 주교로 임명되어 샤스탕(Jacob Honoré Chastan)을 거느리고 1837년(헌종 3) 1월에 서울로 몰래 들어왔다. 그리하여 1835년(헌종 1)에 6,000명밖에 안 되었던 교도 수가 이때에 이르러 9,000명을 넘게 되었다.

조정에서는 대대적으로 천주교를 배척하는 척사 정책을 펴나갔다. 이 과정에서 억울하게 희생된 자도 무척 많았다. 조정에서 언론을 맡은 관료와 재야 유생들이 평소에 혐의와 원한이 있던 사람을 천주교도로 얽어 죽이거나 귀양 보내기도 했다. 겉으로는 천주교 배척을 내세웠지만 속으로는 원수를 갚

으려고 했던 것이다.

기해박해(己亥迫害)는 1839년(헌종 5) 3월부터 시작해 1840년(헌종 6) 봄까지 1년 넘게 지속됐다. 포도청에서는 그해 1월부터 2월까지 천주교인 수십 명을 잡아 형조로 이관하고 이들에게 배교(背敎: 종교를 바꿈)를 종용했다. 그리고 배교하지 않는 자는 처형했다. 한편 우의정 이지연(李止淵)은 척사 정책을 강력히 추진할 것을 대왕대비 김 씨에게 요청했다. 이때 정계에는 안동 김 씨에 대응해 헌종의 어머니인 신정왕후의 집안이 득세해 척사 정책에 적극적으로 간여했다. 이조판서 조만영과 형조판서 조병현이 척사의 바람을 잡고 있었다.

천주교도의 처형이 한창 진행되던 1839년(헌종 5) 5월 25일에 대왕대비 김 씨는 천주교도의 체포에 총력을 기울이라는 새로운 명령을 하달했다. 이 무렵 천주교도 유진길(劉進吉)과 가깝던 안동 김 씨 실세 김유근이 죽었다. 유진길은 정3품 당상 역관으로 김유근과 친분이 있어서 감히 손을 대지 못하고 있던 터였다. 그러나 김유근이 병으로 죽자 그는 즉시 체포되었다.

한편 수원으로 피신했던 주교 앵베르가 자수하고, 이광렬(李光烈)과 여자 교도 7명이 서소문 밖에서 처형되었다. 조정에서는 그동안 잘 운영되지 않던 오가작통법을 더욱 엄격하게 적용하라고 지시했다. 이에 앵베르는 교도들이 더욱 심하게 박해를 받고 체포망이 점점 좁혀오자 모방과 샤스탕 신부에게 자수를 권했다. 두 신부는 자수 후 즉각 서울로 압송되었다. 이들은 포도청에서 신문을 받았다. 이에 대왕대비 김 씨는 신유박해 때 주문모를 처형한 전례에 따라 프랑스 신부의 목을 베어 백성에게 경종을 울리라고 했다. 이어 유진길과 정하상(丁夏祥)에게도 사형 선고를 내렸다. 조신철(趙信喆)은 의금부에서 형조로 이송되어 처형되었다.

한편 이지연의 후임으로 풍양 조 씨의 실세인 조인영이 우의정에 오르자 박해는 더욱 가열되어 갔다. 그는 안동 김 씨 세도가와 정치적으로 적대 관계에 있던 대표적인 인물이었다. 조인영은 이 기회를 이용해 평소 천주교 배척에 소극적이던 안동 김 씨 세력에 정치적으로 반격할 수 있었다. 조인영은 『척사윤음』을 지어서 대왕대비의 이름으로 서울과 지방에 반포했다. 그러나 『척사윤음』의 내용은 구태의연하기 짝이 없었다. 정학(正學: 유학)의 연원을 먼저 밝힌 후 천주교도의 죄목을 논했다. 사륙변려문(四六駢儷文: 중국의 육조와 당나라 때 성행한 한문 문체)의 문장을 써서 1백여 구절을 나열했다. 당대의 대문장가가 썼다고 하지만 결과적으로는 백성을 거의 교화시키지 못했다.

기해년이 저물어갈 무렵 박종원(朴宗源)·이문우(李文祐) 등 10명을 마지막으로 사형에 처했으며, 한 해 동안 대략 70여 명을 처형했다. 기해박해는 풍양 조 씨 세도가와 그를 후원하던 정치 세력이 주도했다. 그래서 이 박해를 계기로 안동 김 씨가 실각하고 풍양 조 씨가 실권을 잡게 되었다. 그리하여 풍양 조 씨 세도는 헌종이 죽고 철종이 즉위할 때까지 계속되었다.

병오박해

1831년(순조 31) 프랑스 신부 모방은 김대건을 신학생으로 발탁했다. 이후 1836년(헌종 2) 15세의 나이로 마카오에 있는 파리 외방 전도회의 동양 경리부로 가게 되었다. 그는 이곳에서 신학을 공부하고 10년 만인 1845년(헌종 11) 1월에 귀국했다. 김대건은 귀국 후 천주교 조선 교구의 제3대 교구장인 주교 페레올(Jean Joseph Ferréol)과 함께 포교에 전력을 다했다.

페레올은 당시 만주에 머물던 신부 메스트르(Joseph Ambroise Maistre)와 최양업(崔良業)을 맞아들일 방도를 마련했다. 육로는 감시가 삼엄하니 바닷길로 이들을 들어오게 할 생각이었다. 그래서 김대건 신부를 황해도 서해안으로 보냈다. 1846년(헌종 12) 5월, 김대건은 서울을 떠나 황해도 연안의 백령도 해역으로 가서 청나라 배에 지도와 서신을 보냈다. 그러나 돌아오는 길에 순위도에 들렀다가 그만 포졸에게 체포되고 말았다. 김대건은 황해도 해주 감영으로 끌려가 신문을 받았다. 황해도 관찰사는 김대건이 거물급이라는 것을 알고 즉각 서울로 압송했다.

김대건은 혹독한 고문을 받으면서도 천주교가 세간에서 말하는 사학이 아님을 힘주어 설명했다. 그리고 급박하게 돌아가는 세계정세를 알리고 조정은 천주교 탄압을 중단하라고 요구했다. 그러면서 우물 안 개구리로 조선의 하늘만 넓다고 생각하던 조선의 지식인과 조정의 각성을 촉구했다.

그런데 그해 6월, 프랑스 극동 함대 사령관 세실 소장이 군함 3척을 이끌고 충청도 홍주 해역에 나타났다. 기해박해 때 프랑스 선교사를 학살했던 일을 들먹이고 이어 통상을 강력하게 요구하기 위해서였다. 조선 조정은 여론이 비등해지자 영의정 권돈인의 주장으로 김대건 신부를 9월 16일에 새남터에서 처형했다. 그리고 이어서 임치백(林致百)·현석문(玄錫文)·한이형(韓履亨)·남경문(南景文)·우술림(禹述林)·김임이(金任伊)·정철염(鄭鐵艶) 등을 처형했다.

그렇다면 당시 조선인들은 왜 목숨을 버리면서까지 천주교를 독실하게 믿었던 것일까? 머리 좋은 사람은 항상 새롭고 기이한 것을 좋아하는 법이고, 어리석은 사람은 허황한 말에 미혹되기 쉬운 법이다. 바로 천주교의 이면에는 조선 천지에서는 듣지도 보지도 못했던 새롭고 산뜻한 사상과 과학과 미래가 그려져 있었다. 지식인들에게 천주는 곧 유학의 상제

(上帝)이고,『성경』은 곧 유학의 『시경(詩經)』『서경(書經)』 등의 경전과 같은 것이었다. 그리고 십계(十戒)가 유학의 "예(禮)가 아니면 보지도 듣지도 말하지도 행동하지도 말라"는 사물(四勿)과 크게 다르지 않다고 생각했다. '경천애인(敬天愛人)'이 십계의 내용인 이상 거부할 이유가 없었던 것이다.

또한 서학서에는 당시 동양보다 앞선 의학과 농학이 소개되었다. 그리고 혼(魂)에 대해 새롭게 인식할 기회를 주었다. 즉 혼에는 세 가지가 있는데, 생혼(生魂)·각혼(覺魂)·영혼(靈魂)이 그것이다. 생혼은 초목의 혼으로 생장하지만 지각이 없고, 각혼은 금수의 혼으로 생장하고 지각할 수 있지만 도리를 알지 못하고 시비를 분간하지 못한다고 했다. 그렇지만 영혼은 지각하고 생장하며 시비를 분별할 줄 안다고 했다. 그리하여 인간의 영혼은 영원히 없어지지 않으며, 따라서 믿음을 통해 사후 천당에 올라가서 안락한 생활을 할 수 있다고 여겼다.

그리고 성수(聖水)를 유리병에 담아 영세를 하는 과정에서 눈에 바르고 한 번 마시면 비록 바보나 목불식정(目不識丁)인 무식한 사람도 천주교 서적에 다 통한다는 얘기가 나돌았다. 또 성수는 혹독한 형을 받아 살이 찢어져 피가 철철 흘러도 고통을 의식하지 못하도록 해준다고 믿었다. 그래서 형벌을 받을 때도 반드시 성모 마리아를 부르고 조금도 울지 않았다.

천주교는 앞날이 불확실하던 19세기 초·중엽 정계에서 배제된 세력이나 일반 백성·여인들에게 내세에 대한 확고한 민음을 심어주었다. 천주교 신앙은 기해·병오박해에도 불구하고 또다시 지하에서 전파되어나갔다.

헌종의 죽음

헌종은 1849년(헌종 15) 6월 6일에 창덕궁 중희당에서 23세의 젊은 나이로 혈육 한 명 없이 죽었다. 15년의 재위 기간 중 국가 재정의 기본이 되는 전정·군정·환곡 등 삼정이 문란해지고, 모반 사건이 여러 차례 일어나기도 했다. 또한 서양 세력이 침투해 이양선이 동서 해안에 자주 출몰했다. 이들이 행패를 부리자 민심은 더욱 흉흉해졌다. 이에 헌종은 순조 연간의 천주교 탄압 정책을 이어받아 기해박해와 병오박해를 일으켰다.

한편 헌종은 재위 기간에 상당한 문화 업적을 이루어냈다. 『열성지장(列聖誌狀)』『동국사략(東國史略)』『문원보불(文苑黼黻)』『동국문헌비고(東國文獻備考)』 등과 정조·순조·익종조의 역사를 적은 『삼조보감(三朝寶鑑)』이 편찬되었다.

헌종은 직접 글을 짓기도 했는데, 이 글은 우아하고 깨끗하다는 평판이 있었다. 그의 시문을 모은 『원헌집(元軒集)』은 현재 장서각에 보관되어 있다. 글씨 또한 잘 썼는데 평소 예서

⟮隷書⟯를 쓰기 좋아했다.

　능은 경기도 구리시 인창동 동구릉 경내에 있는 경릉⟮景陵⟯
이다.

제25대 철종, 60년 안동 김 씨 세도가 끝이 나다

강화 도령의 즉위

헌종은 1849년(헌종 15)에 이르러 점점 건강이 나빠져 자식을 낳을 가능성마저 희박해졌다. 그래서 궁중의 어른인 순원왕후 김 씨는 헌종의 후사가 걱정되었다. 순원왕후는 헌종을 이을 왕족을 물색했다. 그러던 중 덕흥대원군의 종손 이하전(李夏銓)이 헌종의 조카뻘이 된다는 사실을 알고 후계자로 내정했다. 그리고 이름을 인손(仁孫)이라고 부르게 했다. 인손이라는 이름은 순조의 능호가 인릉(仁陵)이기 때문에 순조의 손자로 내정한다는 의미였다.

헌종의 후계자가 이하전으로 극비리에 내정된 사실을 모르던 안동 김 씨 세도가 김수근(金洙根)은 충청감사에서 직제학으로 전보되어 올라와 종묘 제례에 참석했다가 헌종의 얼굴이 매우 초췌해진 것을 보았다. 제례가 끝난 뒤 김수근은 바로 김좌근을 찾아가 이렇게 물었다. "오늘 어용을 쳐다보니 매우 두려운지라, 옥체가 완쾌될 희망은 적을 듯하니 장차 후계자를 어떻게 하겠습니까?" 그러자 이하전을 후계자로 내정하고 이름까지 명한 사실을 이야기했다. 김수근은 "만일 그렇다면 우리 김 씨는 망할 날이 며칠 남지 않았다"고 하면서 다급해했다. 김좌근이 이유를 묻자 김수근은 "이하전의 주위에 벽파세력이 아닌 자가 없기 때문"이라고 했다.

벽파가 세력을 얻는다면 시파인 안동 김 씨는 화를 당하게 될 것이라는 게 김수근의 생각이었다. 이 말에 당황한 김좌근은 대책을 세워야 하지 않겠느냐고 했다. 이에 김수근은 "이하전은 헌종에게 항렬의 서열로는 맞지만, 매우 먼 종친이므로 장헌세자의 손자인 전계군의 셋째 아들로 순조의 대통을 잇게 하자"고 했다. 더 나아가 동생 김문근의 딸을 왕비로 삼자는 계획까지 이야기했다.

김좌근은 그 길로 순원왕후를 찾아가 안동 김 씨 장래의 화복과 이해 관계를 자세히 설명하면서 내정된 후계자를 교체할 것을 건의했다. 그러자 순원왕후는 크게 기뻐하며 강화도에서 농사를 짓던 전계군의 셋째 아들 원범을 후계자로 정했다.

1849년(헌종 15) 6월 6일, 헌종은 23세의 나이로 죽었다. 그런데 다급한 지경을 당했는데도 순원왕후는 그 자리에서 나인에게 명령해 옥새를 들여오게 했다. 옆에 있던 신정왕후가 영문을 모르고 옥새는 어디에 쓰려느냐고 묻자, 순원왕후는 국가의 후계자를 정하는 일이 시급하다고 대답했다. 신정왕후가 "그렇다면 인손(이하전)입니까?"라고 묻자 순원왕후는 아니라고 대답하고는 후계자 발표 준비를 서둘렀다. 그리고 즉각 국문으로 전계군의 셋째 아들 이원범이 순조의 대통을 잇는다고 발표했다.

철종이 순조의 대통을 잇게 되자 자연히 김조순의 딸인 순원왕후의 아들이 되었다. 세칭 강화 도령 이원범을 맞이하기 위해 원로대신인 정원용(鄭元容)은 안동 김 씨의 명령으로 거창한 의장(儀仗)과 문무 관료를 거느리고 강화도 전계군의 집에 도착했다. 특별히 정원용을 보낸 것은 그가 안동 김 씨 외가의 먼 후손에 해당되는데다 안동 김 씨에 협력하는 대표적인 인물이었기 때문이었다.

당시 전계군의 집은 언제 다시 화가 닥칠지도 모르는 두려움 속에 하루하루 생활하고 있었다. 그런데 서울에서 뜻밖에 들이닥친 의장 행렬을 보고 온 집안이 발칵 뒤집혔다. 이들은 무슨 일인지 몰라 벌벌 떨면서 정신을 잃고 안절부절못했다.

철종은 유약했으며, 학식과 덕망도 없었다. 그런 왕이었지만 『실록』에서는 다음과 같이 설명하고 있다.

> 기유년(1249년) 6월 임신(壬申)에 헌종대왕이 훙서(薨逝)하시니, 순원왕후께서 하교하기를 "영종(英宗: 영조)의 혈맥은 헌종과 임금(철종)뿐이니 종사를 부탁할 것으로 정했다" 하고, 드디어 대신을 보내어 봉영(奉迎: 귀인을 맞이함)하여 오게 했습니다. 이해 봄·여름에는 밤중마다 광기(光氣)가 잠저의 남산(南山)에서 보였으며, 여위(輿衛)가 갑진(甲津)을 건널 적에는 오색 무지개가 큰 강에 다리처럼 가로질러 있었으며, 양화진(楊花津)에 이르렀을 적에는 양 떼가 와서 꿇어앉아 맞이하여 문후(問候)하는 형상을 했습니다.
>
> 『철종실록』, 철종 대왕 행장

철종은 즉위 후 이름을 변(昪)이라 했다. 자는 도승(道升), 호는 대용재(大勇齋)다. 정조의 아우 은언군의 손자며, 1831년(순조 31) 6월 17일에 전계대원군의 셋째 아들로 태어났다. 당시 영조의 혈손은 헌종과 철종 두 사람뿐이었다. 철종은 순원왕후의 명으로 정조의 손자이자 순조의 아들이 되어 왕위를 계승했다. 이때 그의 나이 19세였다.

철종은 학문과는 거리가 먼 농사꾼이었다. 1844년(헌종 10)

에 형 회평군의 옥사로 가족과 함께 강화도에 유배되어 있었다. 그런데 별안간 명을 받아 봉영 의식을 행한 뒤 1849년 6월 8일 덕완군에 봉해졌다. 그리고 바로 이튿날인 6월 9일, 창덕궁 희정당에서 성인식을 올린 뒤 제25대 왕으로 즉위했다. 농사를 짓다가 갑자기 왕이 되었기 때문에 처음에는 대왕대비인 순원왕후가 수렴청정을 했다.

1851년(철종 2)에 탈상한 후 철종은 안동 김 씨인 김문근의 딸을 왕비로 맞이했다. 그가 철인왕후(哲仁王后)다. 이로써 안동 김 씨는 순조·헌종·철종 3대에 걸쳐 왕비를 배출하게 되었다. 그 뒤 김문근이 영은부원군으로 임금의 장인이 되어 왕을 도우니 순조 때부터 시작된 안동 김 씨의 세도 정치가 재연되었다.

철종은 철인왕후를 비롯해 8명의 부인을 두었고, 이들에게서 5남 5녀의 자녀를 얻었다. 그러나 철종의 자녀는 모두 명이 짧아 일찍 죽었다. 슬하에는 궁인 범 씨 소생의 영혜옹주가 유일한 혈육이었다. 영혜옹주는 금릉위 박영효(朴泳孝)에게 출가했다.

다시 시작된 안동 김 씨 세도

철종은 국사의 전권을 외척숙인 김좌근에게 위임했다. 그러자 김좌근의 일족인 김수근·김문근·김병기 등 안동 김 씨 세력이 정계를 좌지우지하게 되었다. 이때 등장한 안동 김 씨는 모두 철종의 처족(妻族) 또는 외척이었다. 철종 연간은 안동 김 씨 세도 정치가 절정을 이뤘던 시기라고 할 수 있다.

안동 김 씨는 김상용과 김상헌 이후 대대로 학문을 숭상해 온 집안으로 예로 섬기고 백성을 대하는 위엄 정도는 갖추고 있었다. 즉 조정에서 지켜야 할 풍채와 대대로 전해진 충효의 모범이 완전히 없어지지는 않았다. 그러나 철종 재위기 동안 부귀를 누리다보니 뇌물이 공공연하게 행해져 사치 풍조가 만연했다. 요직은 모두 안동 김 씨가 차지하고 인재 등용도 공정하지 못했다.

철종은 안동 김 씨 세력을 두려워해 정사를 독자적으로 처리하지 못했다. 신하에게 요직을 임명할 때도 반드시 좌우에 "교동 아저씨(김좌근)가 아는 일인가?"라고 물을 정도였다. 그러나 그런 철종도 딱 한 사람만은 관직에 임명할 수 있는 권한을 부렸다. 바로 강화도에 살 때부터 훌륭한 관원이라는 소문을 익히 들어온 이시원(李是遠)이었다. 철종은 즉위 후 인사서류가 올라오면 그의 이름이 두 번째나 세 번째 후보 자리에 있더라도 반드시 임용했다.

한번은 개성유수 자리가 비어 있었는데 철종이 직접 이시원의 이름을 추가로 써넣어 임용하게 하기도 했다. 이시원은 철종 때에 이어 고종 때도 판서를 역임했으며, 1866년(고종 3) 병인양요 때 프랑스군이 강화를 점령하자 음독 자결했다. 조선 시대의 당쟁사를 정리한 『당의통략(黨議通略)』의 저자로 유명한 이건창(李建昌)이 바로 이시원의 손자다.

철종은 1852년(철종 3)부터 친정을 시작했다. 이듬해 봄에는 관서 지방에 심한 기근이 들자 대책으로 선혜청의 돈 5만 냥과 사역원에서 인삼세로 거둬들였던 세금 중 6만 냥을 내어 구제하게 했다. 또 그해 여름에 가뭄이 심하게 들자 식량이 없어 구제하지 못하는 실정을 안타깝게 여긴 나머지 재용 절약과 탐관오리 징계를 명했다.

1856년(철종 7) 봄에는 화재를 입은 1,000여 호나 되는 여주의 민가에 은자(銀子)와 단목(丹木)을 내려주어 구휼하도록 했다. 그리고 함흥에서 화재를 당한 백성에게도 3,000냥을 지급했다. 같은 해 7월에는 영남의 수재 지역에 내탕금 2,000냥, 단목 2,000근, 호초(胡椒: 후추) 200근을 내려주어 구제하게 하는 등 빈민 구호 정책에 적극성을 보이기도 했다.

그러나 당시 정치 운영은 대부분 안동 김 씨 세력에 의해 이루어졌다. 그러다보니 탐관오리가 횡행해 진주 민란을 시작으로 전국 각처에서 크고 작은 민란이 일어났다. 전국적으로 성난 민심이 들고 일어나니 조선 왕조의 체제는 근본부터 무너져내리기 시작했다.

기유예론

안동 김 씨 세도 정권의 독단으로 철종이 왕위를 계승하자 왕통상에 문제가 발생했다. 가통상 철종이 헌종의 아저씨뻘이었고, 헌종은 철종의 조카뻘이었기 때문이다. 그런데 아저씨뻘인 철종이 조카뻘인 헌종의 뒤를 이으면 풍양 조 씨 세력이 계속해서 정권을 잡을 가능성이 있었다. 헌종은 풍양 조 씨 신정왕후의 아들이기 때문이다. 그래서 안동 김 씨 세력은 헌종과 익종을 제치고 철종의 아저씨뻘인 순조를 바로 잇게 했다. 그리하여 순조비 순원왕후가 수렴청정을 하는 동안 철종을 그의 아들로 만들어버렸다.

1849년(헌종 15) 6월, 예조에서는 철종이 종묘에 읽을 「축문」을 마련하기로 했다. 「축문」에서 철종은 순조에 대해 훌륭하신 아버지라는 뜻의 '황고(皇考)'라 칭하고 자신은 '효자(孝子)'로 하게 했다. 그런 뒤 익종에 대해서는 영조가 그 형 경종에 대해 훌륭하신 형님이란 의미의 '황형(皇兄)'이라 하고 영조 자신은 '효사(孝嗣)'라 부른 사실에 따라 쓰기로 했다.

이렇게 정해지자 철종이 헌종과 헌종비에 대한 「축문」 형식을 어떻게 써야 할 것인지가 문제였다. 방금 서거한 헌종을 모신 혼전(魂殿: 임금 또는 왕비의 장례를 치른 뒤에 3년 동안 신위를 모시는 집)과 헌종비의 사당인 휘정전에 쓰는 「축문」 형식은 전대 왕을 잇는 왕통의 문제와 직결된 것이었다.

우선 영의정부사 조인영은 순조와 익종에 대한 칭호는 예조의 의견대로 하되 헌종과 헌종비에 쓰는 「축문」 형식은 다만 "계승한 왕 신 아무는 아무에게 아룁니다(嗣王臣某昭告于)"라고 쓰자고 했다.

그런데 재야 유학자 홍직필(洪直弼)은 안동 김 씨 편에 서서 철종의 왕위 계승에 확고한 이론을 제시했다. 즉 제왕가(帝王家)는 대통을 잇는 것을 중하게 여겨 비록 아저씨가 조카를 잇고 형이 동생을 잇더라도 모두 부자의 도가 있으니, 이것은 바꿀 수 없는 진리라고 했다. 그렇지만 친속(親屬)의 호칭은 마땅히 형제와 숙질의 호칭을 쓴다고 했다. 따라서 철종은 헌종에 대해 훌륭한 조카라는 의미로 '황질(皇姪)'이라 칭하고 헌종비에 대해서는 훌륭한 조카비라는 의미로 '황질비(皇姪妃)'라 부르는 것이 합당하다고 주장했다.

그리하여 순원왕후는 "황질과 황질비의 논의는 홍직필의 논의대로 따르고, 사왕신의 호칭은 조인영 등의 의견에 따라 실시하라"고 했다. 그런데 황질과 황질비라는 호칭은 왕통보다는 집안의 항렬로 이루어진 것이었다. 이 예론의 특징은 국가의 왕통을 중시하느냐 그렇지 않으면 가문의 혈통 서열을 중시하느냐의 문제였다. 풍양 조 씨는 국가의 왕통을, 안동 김 씨는 가문의 혈통 서열을 더 중시했던 것이다.

1851년(철종 2) 6월 헌종의 삼년상이 끝나갈 무렵, 조정에서는 헌종의 신주를 종묘에 모시고 친(親)이 다한 조상인 진종(眞宗: 효장세자)의 신주를 종묘 안의 다른 사당인 영녕전으로 옮겨야 했다. 당시 조선은 제후국이었기 때문에 오묘제(五廟制)를 쓰고 있었다. 따라서 이제 새로 헌종의 신주를 종묘에 모시면, 헌종·익종·순조·정조까지 4대의 친함이 끝나기 때문에 정조의 양부인 진종의 신주를 옮겨야만 했던 것이다.

이때의 예론에는 좌의정 김흥근(金興根)이 안동 김 씨를 대표하는 이론가로 참여했다. 홍직필도 마땅히 진종의 신주를 종묘에서 옮겨야 된다고 했다. 왜냐하면 철종과 헌종이 친족의 호칭인 숙질로 부르고 있지만, 왕가에서는 왕위의 대통을 잇는 것을 중시하므로 헌종과 철종의 사이에는 부자의 도리가 있기 때문이다. 따라서 진종은 4대의 제향 범위를 넘었다는 것이었다. 현·전임 대신과 재야 유학자까지 참가한 이 예론에서 이들은 대부분 진종의 신주를 옮겨야 한다는 주장에 동조했다.

풍양 조 씨 측에서는 예론을 주도해오던 조인영이 1850년(철종 1) 12월에 죽고 없었다. 대신 영의정 권돈인이 풍양 조 씨의 견해를 대변하며 진종의 신주를 내가는 것에 반대했다. 권돈인은 진종을 친속으로 보아 철종의 증조부이므로 신주를 종묘에서 옮길 수 없다고 했다.

결국 예론의 결과는 안동 김 씨 측의 주장대로 진종의 신주를 옮기는 것으로 결론이 났다. 그러자 성균관 유생들도 홍직필을 두둔하고 영의정 권돈인을 맹렬히 공격했다. 안동 김씨 세력은 진종이 철종의 증조 항렬에 해당하므로 신주를 옮기지 않는다면 이는 익종과 헌종을 대통에서 제외하는 것이어서 종통을 교란시킨다고 주장했다. 사헌부와 사간원에서도 권돈인을 "임금을 잊고 나라를 그르친 죄"로 탄핵했다.

그런데 당시 권돈인의 예론을 배후에서 조종한 인물은 바로 김정희(金正喜)였다. 그래서 안동 김 씨 측에서는 권돈인과 김정희 등을 유배 보냈다. 또한 김정희의 형제 김명희(金命喜)와 김상희(金相喜)도 예론에 간여했다고 해 벼슬에서 쫓겨났다. 이것이 바로 기유예론(己酉禮論)이다.

풍양 조 씨를 조정에서 쫓아낸 안동 김 씨는 순원왕후의 8촌 남동생 김문근의 딸을 철종비로 삼아 세도 정권을 더욱 튼튼히 해나갔다. 이로써 헌종의 죽음으로 기울었던 풍양 조 씨는 이후 고종이 즉위할 때까지 세력을 잃게 되었다. 그리고 안동 김 씨는 철종 연간에 마음대로 세도를 부렸다.

국가의 전례에 예의 본질은 어디까지나 혈통에 의한 윤리 질서보다는 국가의 왕통을 앞세우는 것이 일반적이다. 그런데 당시 홍직필이 안동 김 씨 편을 들어 자문해준 예론은 풍양 조 씨 세력은 물론 다른 학파와 당파로부터 많은 비판을 받았다.

그러나 이를 비판했던 풍양 조 씨도 별반 다르지 않았다. 신정왕후와 대원군이 힘을 합해 고종을 철종의 후계사로 세우면서 풍양 조 씨는 안동 김 씨가 했던 것처럼 국가의 왕통을 무시하고 고종을 익종의 아들로 만들어버렸다. 이처럼 헌종 이후의 예론은 권력에 아부하는 학자나 왕실의 최고 권력자에 의해 왕위 계승을 합리화하는 수단으로 이용되었다.

최제우와 동학

최제우는 1824년(순조 24)에 경상북도 경주에서 태어났다. 경주가 본관이고, 신라 시대의 대학자 최치원의 후손이다. 어려서는 이름을 복술(福述)이라고 했고, 성인이 되어서는 제선(濟宣)이라 했다. 제우는 그가 35세가 되던 해에 '어리석은 백성을 구제하겠다'는 뜻으로 지은 이름이다.

최제우의 조상 중에 드러난 인물로는 제7대조 최진립이 있다. 최진립은 임진왜란과 병자호란 때 국가에 큰 공을 세워 사후 병조판서 벼슬에 추증되었다. 그러나 최진립 이후 그의 후손은 벼슬길에 전혀 나아가지 못했다. 최제우의 아버지는 최옥은 당시 경주에서 이름난 유학자였다. 현재 최옥이 남긴 글을 모은 『근암집(近庵集)』이 전하고 있다.

최옥은 과거에 대여섯 차례나 응시했지만, 번번이 낙방의 쓴잔을 마셨다. 그래서 그는 일생을 일개 처사(處士: 벼슬을 하지 않고 초야에 묻혀 살던 선비)로 지낼 수밖에 없었다. 최옥은 나이가 들도록 슬하에 대를 이을 아들을 두지 못했다. 그러다 환갑이 넘은 나이에 셋째 부인을 얻어 최제우를 낳았다. 비록 서자로 태어났지만, 최제우는 최옥의 유일한 아들이고 두뇌가 명석해 아버지의 사랑을 독차지했다. 그러면서 일찍부터 경전과 역사를 공부했다. 나이가 많은 아버지 탓에 13세의 나이에 이른 혼인을 했다. 6세 때 어머니를 여의고 16세에 아버지마저 돌아가셨다.

20세가 된 최제우는 집안 살림이 어려워지자 부인을 친정에 보내고 살길을 찾아 전국을 유랑하게 되었다. 전국을 돌아다니며 장사도 해보고 의원 노릇을 하거나 점을 쳐주는 일을 하기도 했다. 때론 서당에서 아이들을 모아놓고 가르치는 일도 했다. 그러면서 당시 사회가 이미 유교 도덕과 윤리 의식이 바닥에 떨어진 상태임을 알게 되었다. 그는 명산대찰을 찾아 불교와 도교의 교리를 공부해보려고 했다. 그러나 불교에서도 큰 재미를 보지 못했다. 이 시기에 그는 가장 금기시했던 서학까지 섭렵했다. 그렇게 11년 동안 방랑했는데도 득도에 이르지 못한 최제우는 실망한 채 집으로 돌아왔다.

1854년(철종 5), 최제우는 처자와 함께 울산의 유곡동에 작은 초가집을 마련하고 수도에 들어갔다. 그리고 이듬해 금강산 유점사에서 왔다는 이승(異僧)에게서 『비기서(秘記書)』를 얻어 이를 토대로 수행해 많은 발전이 있었다. 그러다가 1856년(철종 7) 여름에는 양산의 천성산에 들어가 수도 생활을 시작했다. 이듬해 적멸굴에서 49일 동안 수도하고, 울산의 집으로 돌아가서도 수도를 계속했다. 최제우는 1859년(철종 10) 10월에 처자를 거느리고 고향 경주로 돌아왔으며, 용담정에서 계속 수도했다.

이 시기에는 최제우 집안뿐만 아니라 온 나라 백성의 생활이 어려웠다. 국내 상황은 안동 김 씨 세도 정치로 국가 재정이 고갈되었다. 아울러 군정이 매우 문란해 사회 불안이 가중되자 가뜩이나 가혹한 세금으로 어려움을 겪던 백성은 동요하고 있었다.

국제적으로는 서구 세력이 과학 기술을 앞세우고 천주교를 전파하면서 동양을 잠식하고 있었다. 동양의 맹주 노릇을 하던 청나라는 아편 전쟁 이후 영국에게 무릎을 꿇었다. 세상 돌아가는 것을 아는 조선의 지식인이라면 다음 차례는 조선이라는 것을 감지할 수 있었다. 이때 최제우는 흩어진 민심을 수습하고 밀려오는 외세를 물리치기 위해 서학에 대응하는 새로운 학문과 종교, 즉 동학을 제창할 필요성을 절실히 느꼈다.

1860년(철종 11), 최제우는 수도 생활 17년 만에 종교 체험을 하게 되었다. 하느님께 정성을 다해 수도하던 중에 갑자기 몸이 부들부들 떨리고 정신이 아득해지면서 천지가 진동하는 듯한 소리가 하늘에서 들려왔다. 이러한 체험을 통해 1년 동안 동학의 교리를 만들어나갔다. 그리하여 최제우는 '시천주 조화정 영세불망만사지(侍天主造化定永世不忘萬事知)'라는 주문을 지었다. 이는 "하느님(天主)을 모시고 하느님의 일에 참여해 이것을 평생 잊지 않으면 모든 것을 알게 된다"는 뜻이다.

그러자 놀라울 정도로 많은 백성이 동학의 가르침에 따르게 되었다. 각지에서 도를 배우고자 하는 사람이 최제우가 있던 구미산 용담정으로 구름같이 모여들었고, 6개월 동안 3,000여 명이 동학을 배웠다. 이처럼 동학이 급속도로 퍼지자 유학자들은 서학에 대결하기 위해 창도한 동학을 오히려 서학으로 몰아붙여 비난하기 시작했다. 조정에서도 동학을 서학이라며 탄압했다. 이에 최제우는 1861년(철종 12) 11월에 남원 은적암에서 피신 생활을 했다. 여기에서 그는 동학 사상을 체계적으로 이론화했고 「논학문」 「안심가」 「교훈가」 등을 지었다.

1862년(철종 13) 3월에 다시 경주로 돌아온 최제우는 포교에 전념해 교세를 크게 확장했다. 그러자 그해 9월 체포령이 내려졌다. 죄목은 사술(속임수)로 세상을 어지럽히고 백성을 미혹시켜 속였다는 것이었다. 최제우는 곧바로 경주 진영에 감금되었으나 수백 명의 제자가 모여 석방 운동을 전개해 무죄로 방면되었다. 최제우가 석방되자 경주는 물론 영덕·영해·대구·청도·청하 등지에서 교도가 점점 늘어났다. 이즈음 전국에 민란이 불길처럼 번져가고 있었다. 그런 어수선한 상황 속에서 동학은 쉽게 민간에 다가갈 수 있었다.

교도들이 기하급수적으로 늘자 최제우는 각 지역에 이들을 조직하기 위한 접소(接所: 집회 장소)를 두었다. 그리고 이곳의 우두머리인 접주(接主)가 구역의 교도를 다스리는 접주제를 만들었다. 그러면서 경상도와 전라도뿐만 아니라 충청도와 경기도에까지 교세가 확산해, 1863년(철종 14)에는 13개의 접소를 확보했다.

그러나 동학의 전국적인 확산을 우려한 조정은 11월 20일에 선전관 정운구(鄭雲龜)를 파견해 최제우와 그의 제자들을 체포하게 했다. 최제우는 곧바로 경주에서 체포되어 서울로 압송하기로 되어 있었다. 그러나 압송 도중 철종이 갑자기 죽는 바람에 1864년(고종 1) 1월에 대구 감옥으로 이송되었으며, 곧바로 경상관찰사 서헌순(徐憲淳)이 신문에 들어가 조정에 보고했다. 이에 조정에서는 최제우의 처형을 결정하고 대구 감영에서 사형을 집행하게 했다. 그리하여 최제우는 3월 10일에 대구 장대에서 41세의 나이로 생을 마감했다.

최제우가 창도한 동학의 교리는 『동경대전(東經大全)』과

『용담유사(龍潭遺詞)』에 실려 있다. 최제우는 사람이 곧 하느님이라는 '시천주(侍天主)' 사상을 통해 독특한 평등 사상을 정립하고 발전시켰다. 이러한 점 때문에 동학은 당시 어느 종교보다도 피지배층인 농민에게 공감을 샀고 설득력 있게 다가갔다. 또한 '후천개벽(後天開闢)' 사상을 통해 낡은 세계인 선천(先天: 동학이 창건되기 이전의 세상)의 세계가 가고, 국가를 보위하고 백성을 편안하게 해 태평한 세계인 후천(後天)의 세계가 도래할 것이라고 설파했다.

19세기 중반에 최제우가 유교·불교·서학을 두루 섭렵해 제창한 동학은 새 시대를 여는 사상적인 기반이 되었다. 동학에 내포된 반외세·반침략 성격이나 인간 평등론, 그리고 후천개벽 사상은 당시 정신적으로나 물질적으로 방황하던 농민을 결집시키기에 충분했다. 1862년(철종 13), 임술민란(壬戌民亂)을 전후해 절망에 빠진 백성에게 최제우는 구세주였다. 그리고 그가 제창한 동학은 조선 양반 사회를 뿌리째 뒤흔들어 놓았다. 최제우가 죽은 지 30년이 지난 1894년(고종 31)에 일어난 동학 농민 운동은 최제우가 뿌린 씨가 꽃을 피운 것이었다.

삼정의 문란

옛날이나 지금이나 세금과 군역은 나라를 다스리는 주요한

두 축이다. 세금이 잘 걷히지 않고 불법적으로 군역을 피할 때 국가는 점점 생명력을 잃게 된다. 조선 후기, 특히 19세기에는 조세와 군역과 양곡의 대여와 환수를 중심으로 유지되던 경제 체제가 매우 문란해졌다. 이른바 전정·군정·환곡 삼정의 문란이다.

국가에서는 세금 징수와 군역 부과를 위해 군현이나 마을 단위로 총액 할당제를 채택했다. 이것은 국가에서 최소한의 수입을 보장받기 위해 취한 조치였다. 이러한 제도는 향촌 사회 내부가 안정되었을 때 역할을 제대로 수행할 수 있다. 그런데 삼정이 문란한 상황에서 이러한 제도를 실시하자 농민은 물론 양반까지 불만이 생겼다.

사실 법 자체보다는 국가와 농민 사이에서 법을 집행하는 수령과 아전의 역할이 무엇보다 중요하다. 정약용은 수령을 '여관에 묵고 있는 과객', 아전을 '여관 주인'이라고 표현한 바 있다. 과객이 주인을 통제하고 나무라기는 어렵다. 수령이 흐르는 강물 같은 존재라면, 아전은 흐르는 강물 속에서도 구르지 않는 돌과 같았다. 아전은 지방에서 향리직을 세습하면서 지역 사정을 손바닥 들여다보듯이 훤히 알고 있었다. 수령은 중앙의 고위 관료에게 뇌물을 써서 내려오는 경우가 많았는데, 만약 청렴한 수령이 내려오면 포악한 아전이 수령을 몰래 처치해버리는 일도 비일비재했다. 그러다보니 수령은 아전

앞에서 기가 죽기 일쑤였고, 결국엔 서로가 한통속이 되어 백성을 괴롭혔다.

수령과 아전은 전결(田結)을 가지고 농간을 부렸다. 전결에는 묵은 토지를 경작하는 토지로 만들어 세금을 거두는 진결(陳結), 토지 대장에서 토지를 누락시켜주는 대신 뇌물을 받는 은결(隱結), 공터를 토지 대장에 올려놓고 강제로 세금을 징수하는 백징(白徵), 허위로 토지 결수를 조작하고 자신들의 급료에 보조한다고 세금을 징수해 착복하는 허결(虛結) 등이 있었다.

이와 더불어 부가세도 많았다. 결손 보충을 명목으로 거두는 가승미, 쥐가 곡식을 먹었다거나 곡식이 부식되어 거두는 곡상미, 서울에 곡식을 납부할 때 경주인(京主人: 중앙과 지방 관아의 연락 사무를 담당하기 위하여 수령이 서울에 파견하던 아전)의 보수로 징수하는 창역가, 납세 수수료인 작지, 세무 관청 담당 관리에게 주는 인정미 등 매우 다양했다. 이 가운데 인정미란 일을 잘 봐달라고 주는 뇌물성 수수료였다. 이처럼 과중한 토지세에 허덕이던 농민은 새로운 활로를 찾아야 했다.

한편 이해할 수 없는 군포 부과 방법도 있었다 어린아이를 군적(軍籍)에 등록시켜 군포를 부과하는 황구첨정(黃口簽丁)이 있었는데, 생후 3일 된 갓난아이까지 등록된 경우도 있었다. 게다가 백골징포(白骨徵布)라고 해 죽은 사람에게까지 군포를 물렀다.

백성은 이같이 비참한데 양반은 놀고먹으면서도 죽을 때까지 군역이 없었다. 사회가 이러다보니 양반이 아닌 계층은 여러 가지 방법으로 양반이 되려 했다. 향안에 등록하거나, 족보를 위조해 양반이 되거나, 고향을 떠나 먼 곳으로 이사 가거나, 유건을 쓰고 과거 시험장에 들락거리기도 했다. 이렇게 양반이 많아지니 노동력이 줄어들고, 노동력이 줄어드니 생산성이 낮아져 국가 경제는 말이 아니었다. 이는 군포가 원인이었다.

1864년(고종 1), 흥선대원군이 집권하면서 군포 문제는 다소 해결되었다. 1871년(고종 8)에 흥선대원군은 귀천을 불문하고 1정(一丁)에 호포(戶布) 또는 호전(戶錢)을 납부하는 호포제를 실시했다. 호포제 실시로 백성은 조금 어깨를 펼 수 있었다. 비록 외형일지라도 군역만큼은 양반과 대등해진 것이다.

그런데 전정과 군정보다 더 큰 문제는 환곡이었다. 18세기 말에서 19세기 초의 환곡은 백성 구휼보다는 부세의 개념으로 변질되었다. 이는 농민 수탈과 다를 바 없었다.

정약용은 환곡의 문란을 들면서 '팔란(八亂)'을 다음과 같이 지적했다.

첫째, 출납하는 양곡의 명목이 문란해졌다.

둘째, 담당 관청과 사무 처리가 문란해졌다.

셋째, 양곡 섬수의 계산이 문란해졌다.

넷째, 이자 비율이 복잡해 문란해졌다.

다섯째, 곡식 배부의 회수가 번잡해 문란해졌다.

여섯째, 저장곡의 분급과 재고량이 문란해졌다.

일곱째, 이송·교역하는 데 이익을 챙기는 것이 문란해졌다.

여덟째, 흉년이나 국가 경사 시에 탕감률이 문란해졌다.

본래 환곡을 나누어 줄 때는 보유한 곡식을 반만 나누어 주고, 반은 새 곡식이 들어올 때까지 창고에 그대로 남겨둔다. 그런데 관례가 허물어졌다. 그때그때 사정에 따라 수령과 아전이 불법으로 모두 나누어 주면서 엄청난 이익을 챙겼다. 또한 가구 별로 나누어 주지 않고 마을이나 통 단위 또는 토지 결수 단위로 판단하여 이루어졌다. 이렇게 하다보니 환곡을 회수할 때나 이자를 받을 때 공동 납부제가 채택되었다. 환곡은 구휼의 목적에서 벗어나 모곡(耗穀: 환곡을 받을 때 곡식을 쌓아둔 동안에 축 날 것을 요량해 한 섬에 몇 되씩 덧붙여 받던 곡식) 외에도 각종 수수료를 붙여 수납하는 것이 점차 관례처럼 되었다. 그리하여 19세기에는 환곡이 고리대 제도로 변질되었다. 고리대에 도저히 견디지 못한 백성은 도망을 갔다. 그러면 도망간 사람의 이웃이나 친척에게 인징(隣徵)과 족징(族徵)이 이루어져 부담을 떠맡은 사람들은 거의 죽을 지경이었다.

환곡을 이용해 수령과 아전이 저지르는 농간은 실로 다양해 일일이 들 수도 없다. 특히 아전은 온갖 권모술수로 백성의 고혈을 짜내고 재물을 수탈했다. 특히 순조 이후 안동 김 씨 세도 정권 아래에서 수령과 아전은 더욱 농간을 부려 환곡의 폐단은 날로 심해졌다. 한두 해도 아니고 반세기 이상을 그랬으니 이것이 임술민란의 직접적인 원인이 되었다. 참았던 농민들이 더 이상 견디지 못하고 봉기한 것이다.

임술민란

철종 말년이 되자 나라의 권력은 서울 교동의 김좌근이 틀어쥐고 있었다. 그러면서 안동 김 씨 60년 세도 정치의 말기 현상이 전면적으로 드러나기 시작했다. 뇌물을 바치거나 권세가의 도움으로 전국 각 도와 고을의 관리가 된 자들은 백성의 고혈로 다시 세도가를 섬기고 자신의 집안과 일신만을 살찌우고 있었다. 백성이 보기에는 관리나 세도가의 재산이란 백성의 재산을 도둑질해간 것에 불과했다. 그동안 지배자들은 백성을 교화의 대상으로 여겼지만, 이제는 오직 수탈의 대상만 생각했다.

마침내 전국의 백성은 서서히 각 군현을 단위로 행정 관청과 토호(土豪)에 대한 저항을 행동으로 옮기기 시작했다. 이들은 "사람이 무리를 지으면 하늘도 이길 수 있다" 했고, "대중의 마음은 성곽을 이룬다"는 옛말을 실천에 옮기고 있었다. 1862년(철종 13)인 임술년에 백성은 전국 곳곳에서 탐관오리를 처단하고 자신들의 주장을 적극적으로 천명하기 위해 시위를 벌였다. 이것이 임술민란이다.

단성 민란

임술민란이 시작된 곳은 경상도 단성(丹城)이었다. 직접적인 원인은 삼정의 하나인 환곡의 폐단이었다. 단성의 역대 현감과 아전은 갖은 명목으로 백성을 토색질했다. 단성현은 몇천 호에 불과한 작은 고을이었다. 그런데도 환곡의 총수가 무려 10만 3,000여 섬에 이르렀다. 이 가운데 아전들이 착복한 환곡은 5만 2,392섬에 달했다. 문제는 이뿐만이 아니었다. 토지 세율을 정액 이상으로 징수하는 도결(都結)을 걷거나, 자기 고을의 환곡은 비싸게 팔고 대신 다른 고을의 곡식을 싸게 사서 메워놓기도 했다. 피해를 보는 쪽은 백성이었다.

1861년(철종 12) 겨울, 아전들이 착복하고 대신 메워놓은 환곡 2만 7,000섬을 조사해보니 한심하기 그지없었다. 모두 솔가지나 짚·풀·왕겨 등으로 채워진 가짜 곡식더미였다. 이에 암행어사 이인명(李寅命)이 출두해 이러한 사실을 조사하고 아전들에게 이것을 씹어 먹게 하니 이 소문은 삽시간에 온 고을로 퍼졌다.

1862년(철종 13) 2월 4일, 농민의 불만과 고통을 잘 알고 있던 전 정언 김인섭(金麟燮)의 아버지 김령(金欞)은 관아로 가서 현감 임병묵(林昺默)을 협박하고 욕을 보였다. 그러자 현감의 수족인 관속들이 백성을 함부로 때리고 김령 부자도 두들겨서 쫓아내는 사태가 발생했다. 이에 분노한 백성은 이방과 창색(倉色: 창고의 일을 맡아보는 사람)의 집으로 몰려가 불을 지른 뒤 객사에 모였다가 다시 단성 읍내 장터로 갔다. 그리고 요호(饒戶: 부를 축적했지만 특권 세력으로 편입되지 못하고 관리나 권세가들로부터 침탈받았던 부호)들로부터 음식을 공급받고 며칠 동안 시위를 계속했다. 그러자 현감은 피신해 달아나다가 중도에 두 차례나 잡혀 곤욕을 치르고는 서울로 올라가버렸다.

한편 민란을 주동했던 김령은 강개한 기절을 타고난데다 시무에 밝아 일찍이 단성의 고질적인 폐해를 고쳐보려고 노력했다고 알려졌다. 그러나 그 역시 지역의 유력한 무단토호(武斷土豪)였다. 그는 집에 형구까지 갖추고서 주민에게 사사로이 형벌을 주기도 했으며, 거사를 위해 주민을 집결시킬 때도 참석 여부를 일일이 확인해 불참자에게는 벌금을 닷 냥씩 내게 해 2,000냥이나 거두었다고 한다. 거사 뒤에도 거사 비용으로 토지 1결당 한 냥씩을 내게 해 1,200냥을 거두었다.

김령은 기존의 관속을 모두 몰아내고 자신이 마음에 드는 사람을 관속으로 임명했다. 게다가 신임 현감의 정사까지도 뒤에서 조종했다. 그리하여 오랫동안 단성의 행정은 김령을 중심으로 이루어졌다.

이에 아전들이 가만있을 리 없었다. 이들은 갖은 방법으로 무고해 김령에게 체포령이 내려지게 했다. 김령은 관문을 찢어버리고 자기를 연행하러온 하급 관리를 쫓아버렸다. 그러자 이인명이 직접 그를 체포하러 단성에 왔다. 이때 김령의 아들 김인섭도 의금부에 체포되어 신문을 받았으나 끝내 억울함을 호소해 석방되었다. 훗날 김령은 정원용 등이 도움으로 석방되었다.

진주 민란

1862년(철종 13) 2월 18일에 단성의 인근 지역인 진주에서도 민란이 일어났다. 직접적인 원인은 경상도우병사 백낙신(白樂莘) 때문이었다. 백낙신은 갖은 방법으로 농민을 수탈해 4~5만 냥이나 모았다. 한편 이 무렵 진주목의 역대 불법 수탈 곡인 도결(都結) 8만 4,000여 냥을 일시에 호별로 배당해 수납하게 했다. 그러자 우병영에서도 이 기회를 이용해 그동안 착복한 환곡 7만 2,000여 냥을 농가에 분담해 강제로 징수하고자 했다.

이에 진주의 서남쪽 30리쯤 떨어진 유곡동에 사는 유계춘(柳繼春)이 김수만(金守萬)·이귀재(李貴才) 등과 함께 모여 거사를 도모하기로 합의했다. 이들은 백성이 알 수 있도록 한글로 격문을 붙이고 통문을 돌려 2월 18일 행동을 개시했다. 먼저 수곡 장터에서 시위를 하고 곧바로 덕산 장터로 몰려가 상인들에게 점포문을 닫고 시위에 참여하라고 강요했다. 이들은 머리에 흰 수건을 두르고 손에는 몽둥이나 삽·괭이를 들고서 유계춘이 지었다는 행진가를 부르며 일제히 진주성으로 몰려갔다. 이들은 자신들을 초군(樵軍)이라 불렀다. 봉기군은 시위에 불참하는 사람에게 벌금을 부과하고 시위를 반대하는 사람의 집을 헐어버렸다. 그러자 소극적이던 농민이 속속 시위 대열에 참여해 그 수가 수만 명에 이르렀다.

하룻밤을 진주성 밖에서 지새운 봉기군은 19일 우병사 백낙신과 목사 홍병원(洪秉元)으로부터 자신들의 요구를 들어주겠다는 「공문」을 받아냈다. 그러나 흥분한 백성은 우병사를 겹겹이 둘러싸고 그의 죄상을 하나씩 들추어 협박했다. 그리고 부정 관리인 권준범(權準範)과 김희순(金希淳)을 불태워 죽였다. 봉기군은 나흘 동안 향리 네 명을 때려죽이고 수십 명을 다치게 했다. 또 부잣집을 습격해 23개 면에 걸쳐 126호를 파괴하고 도둑질한 재물을 빼앗았다. 당시 피해액은 모두 10만 냥에 이르렀다고 한다.

한편 조정에서는 진주 민란이 심상치 않다고 판단하고 2월 29일 부호군 박규수(朴珪壽)를 진주 안핵사로 파견해 사태를 조기에 수습하게 했다. 그러나 그가 사태를 수습하기까지는 약 3개월의 시간이 걸렸다. 처벌 상황을 보면 농민 측은 효수 10명, 귀양 20명, 곤장 42명, 미결 15명이었고, 관변 측은 귀양 8명, 곤장 5명, 파직 4명, 미결 5명이었다.

익산 민란과 함평 민란

이후 민란은 충청도와 전라도로 번져갔다. 조선 후기에 들어와 충청도는 양반이 드세었고, 전라도는 아전의 폐단이 극심했다. 당시 조선의 3대 폐단이 바로 충청도 양반, 전라도 아전, 평안도의 평양 기생이었다. 특히 전라도 아전은 서울에서 내려간 관찰사와 수령의 앞잡이가 되어 백성을 못살게 굴었다.

전라도 관찰사 김시연(金始淵)은 대표인 탐관오리였다. 1862년(철종 13) 3월 27일에 익산 농민 3,000여 명이 불법적인 도결의 시정을 요구하면서 관청을 습격했다. 그리하여 군수 박희순을 납치하고 인신(印信)과 병부를 빼앗았다. 그러고는 함열현으로 쳐들어가 이곳의 병부도 탈취했다. 분을 이기지 못한 백성은 관찰사 김시연을 처치하기로 했다. 그러자 김시연은 혼비백산해 서울로 달아나버렸다.

이에 조정에서는 이정현(李正鉉)을 익산 안핵사로 임명해 사태를 수습하게 했다. 그리하여 농민 임치수(林致洙)·이의식(李義植)·소성홍(蘇聖鴻)·천영기(千永其) 등을 민란을 주동한 죄로 처형했다. 그리고 관찰사 김시연과 군수 박희순을 귀양 보냈다. 또한 이방 임종호(林宗鎬), 좌수 최학손(崔學孫) 등을 효수했다.

이어 4월 16일에는 전라도 함평에서 정한순(鄭翰淳)의 주동으로 민란이 일어났다. 그는 깃발을 세우고 죽창을 휘두르며 관청을 습격했다. 그리하여 현감 권명규(權命奎)를 쫓아내고, 민가에 불을 질렀다.

조정에서는 익산 안핵사 이정현으로 하여금 함평 민란을 수습하게 했다. 이에 정한순·이방헌(李邦憲)·김기용(金己用)·김백환(金百煥)·진경심(陳敬心)·홍일모(洪日模) 등이 주동자로 분류되어 처형되었다. 그리고 채행렬(蔡行烈) 등 11명은 귀양 보냈다. 현감 박명규도 귀양을 보냈으며, 좌수 장채성(張采成), 호장 이희경(李熙敬), 이방 이흥원(李興元) 등은 섬으로 유배 보냈다.

조정에서는 임술민란을 수습하기 위해 삼정이정청을 설치하고, 그해 5월 25일부터 윤8월 19일까지 4개월 동안 '삼정이정절목(三政釐整節目)' 41개 조를 제정해 반포했다. 또한 환곡 제도 개선을 위해 '파환귀결(罷還歸結)', 즉 환곡에서 모곡을 거두어들이는 것을 파하고, 전결에서 세금을 추가로 징수해 부족분을 보충하는 정책을 펼쳤다. 그러나 임기응변에 불과한 조치로는 삼정의 폐단을 뿌리 뽑지는 못했다.

결국 환곡 제도의 근본적인 개혁은 1864년(고종 1) 흥선대원군이 집권하면서 이루어졌다. 흥선대원군은 제도 개혁을 통해 수령과 아전이 농간을 부리지 못하게 했다. 또한 1867년(고종 4) 가을에는 8도에 사창법(社倉法)을 실시해 창고의 곡식을 아전의 손을 거치지 않고 백성이 직접 관장하게 했다.

이하전의 옥사

이하전은 1842년(헌종 8)에 완창군 이시인(李時仁)의 아들로 출생했다. 1849년(헌종 15), 헌종이 후사 없이 죽자 이하전은 유력한 왕위 계승자 후보로 물망에 올랐다. 그러나 외척인 안동 김 씨의 강한 반대로 후계자에서 탈락했다. 결국 철종이 즉위하자 이하전은 안동 김 씨에게 감시당하게 되었다. 안동 김 씨로부터 미움을 받은 그는 관력(官歷: 관리의 경력)이 고작 돈녕부참봉·도정 등이었다.

술과 여자를 좋아했던 철종은 슬하에 여러 자녀를 두었으나 모두 일찍 죽었다. 안동 김 씨의 핵심 인사들은 철종에게 후사가 없음을 걱정하면서도 한편으로는 종실 자손 중 똑똑하고 명망이 있는 자를 남모르게 없애고자 했다.

종실 중에는 이하전 외에 흥선군 이하응이 있었다. 흥선군은 재주와 지략이 뛰어나 난세의 간웅으로도 불렸다. 그러나 집이 가난해 죽으로 연명하고 어떤 때는 끼니도 제대로 잇지 못했다. 그는 안동 김 씨 세도에 성품이 경솔하고 방탕한 것처럼 거짓으로 행동하며 무뢰한들과 잘 어울려 다녔다. 기생집에 가서 놀다가 가끔 부랑자에게 욕을 당하기도 했다. 그런 그를 사람들은 '궁도령'이라고 놀렸다. 흥선군은 여러 김 씨에게 아첨하기도 했는데, 이런 그를 김 씨 세도가들은 업신여겼다.

이런 이하응과 이하전의 행보는 사뭇 달랐다. 이하전이 과거에 응시할 때 시장에서 안동 김 씨 세도가의 자제들과 서로 자리를 다툰 일이 있었다. 이때 크게 낭패를 당한 이하전은 머리를 풀어헤치고 맨발로 시장 밖으로 도망쳐 나갔다. 그리고 세도가들에게 무시당한 것을 분하게 여겨 손바닥으로 가슴을 치며 "하늘이여, 원통하도다!"라고 크게 울부짖었다. 매사에 조심하던 흥선군의 눈에는 이런 이하전의 거침없는 행동이 철없이 날뛰는 것으로 보였을지도 모른다. 안동 김 씨는 자긍심이 강하고 위풍당당한 이하전의 태도를 좋아하지 않았다.

1862년(철종 13) 7월, 오위장 이재두(李載斗)는 김순성(金順性)·이긍선(李兢善) 등이 이하전을 왕으로 추대하고 모반을 도모했다고 무고했다. 곧바로 수사가 이루어졌는데 이 과정에서 수많은 연루자가 드러났다. 위정척사 운동의 거두 이항로(李恒老)도 자신의 집에 이돈(李燉)이라는 인물을 숨겨주었다는 김순성의 주장으로 조사를 받았다. 수사가 진행될수록 배후자가 이하전이라는 사실이 밝혀졌다. 처음부터 그렇게 각본이 짜여 있었던 것이다. 결국 이하전은 제주로 유배되었다가 사사되었다.

이하전이 사사되자 완성군 이희(李爔)의 양자로 들어왔던 이하전의 아버지 이시인은 파양(罷養: 양자 관계를 끊음)되어 다시 생가의 족보에 올렸다. 대신 밀산군 이찬(李澯)의 제9대손 이익주(李益周)를 완성군의 후계자로 삼아 덕흥대원군의 제사를 받들게 했다.

이하전이 안동 김 씨에 화를 당하자 백성은 이를 원통하게 여겼다. 헌종이 죽고 철종을 세울 무렵, 풍양 조 씨 계열인 권돈인이 이미 후계자로 이하전을 지목했었기 때문에 안동 김 씨는 이 기회를 이용해 아예 후환을 없애려고 했다.

얼마 후 경평군 이승응(李昇應)도 섬으로 귀양을 갔다. 일이 이렇게 되자 종실들은 언제 어떻게 죽을지 몰라 전전긍긍했다. 아들이 있던 흥선군도 더욱 몸조심했다. 안동 김 씨 세도가와 의령 남 씨 남병철(南秉哲)은 평소 흥선군을 깔보고 만나면 조롱하기 바빴다. 그러나 흥성군은 이것을 오히려 영광으로 여겼다.

이러한 일화도 있었다. 하루는 흥선군이 남병철의 집에 갔는데 이날 남병철이 조용히 흥선군에게 이하전의 역모를 알고 있는지 물었다. 흥선군의 속마음을 시험해본 것이다. 그러자 흥선군은 머리가 땅에 닿도록 엎드려서 "어찌해서 이러한 나쁜 연극을 꾸미는 것이오"라고 했다. 남병철은 크게 웃으면서 "시백(時伯: 흥선군의 자)은 어찌 그리 담이 작소"라고 했다. 흥선군은 진땀을 흘리며 집으로 돌아와서는 "오늘 십년감수했다"고 했다.

이하전이 제거되고 철종마저 후사가 없이 죽자 보위는 흥선군의 둘째 아들 이명복에게로 돌아갔다. 1863년(고종 즉위년) 겨울, 고종의 즉위와 함께 바로 집권한 흥선대원군은 이하전을 신원했다. 또한 이듬해에는 그의 벼슬도 회복시켜주었다. 그러자 당시 서울 남부에 살던 이하전의 부인 서 씨는 억울한 사연을 호소했다. 시아버지 완창군의 신주도 덕흥대원군의 사당에 다시 봉안해달라는 것이었다. 고종은 그의 청을 들어주었다. 이후 1908년(순종 20)에 이하전은 종1품에 추증되고 덕흥대원군 종손으로서 경흥군에 봉해졌다.

김정호와 대동여지도

순조조부터 철종조까지 세도 정국 속에서 조선 사회는 암담했다. 그러나 뜻있는 몇몇 학자들은 재야에서 조선의 앞날을 위해 학문과 예술 발전에 힘쓰고 있었다. 정약용·김정희·이규경(李圭景)·김정호(金正浩)·최한기(崔漢綺) 등이 바로 이들이었다. 정약용은 유배지 강진에서 불후의 업적을 남겼고, 유배에서 풀려난 뒤에는 고향 마재에 돌아와 계속해서 저술에 몰두했다. 그가 남긴 저술은 모두 500여 권에 달한다.

그래도 정약용이나 김정희는 남인과 노론이라는 당파에 속해 있어 정치에 완전히 초탈할 수는 없었다. 그러나 이규경·최한기 등은 이들과 달리 사회적인 지위가 없었다. 이규경은 서얼 출신의 가난한 선비였고, 김정호는 전하는 이야기로는 군교(軍校: 장교)를 지냈다고 한다. 최한기는 이제 막 새로운 양반으로 행세하는 정도였다. 이들은 비록 가정 환경이 양반만큼 좋지는 않았지만 모두 불후의 학문 업적을 남겼다.

김정호는 우리나라 최고의 지리학자다. 본관은 청도(淸道). 자는 백원(伯元)·백온(伯溫)·백지(伯之), 호는 고산자(古山子)다. 서울 남대문 밖 만리동에 살았다고 하고 공덕리에 살았다고도 한다. 그는 불우한 환경 속에서 오직 지도 제작과 지지 편찬에 정열을 바쳤다. 그는 젊은 시절 서울에서 최한기를 만나 이 세상에 태어나 무언가 보람 있는 일을 할 것을 굳게 약속하고는 지리학에 몰두했다.

당시 조선에서 개인이 지도를 제작한다는 것은 어려운 일이었다. 그런데도 김정호는 1834년(순조 34)에 『청구도(靑丘

圖)』2책을 만들었다. 그리고 이어서 『지구도(地球圖)』를 만들었는데, 『지구도』는 최한기가 청나라 장정월(莊廷粵)의 『만국경위지구도(萬國經緯地球圖)』를 탁본해 김정호에게 판각을 의뢰한 것이다.

김정호는 1861년(철종 12)에 『대동여지도(大東輿地圖)』를 판각해 간행했다. 『대동여지도』는 16만 2,000분의 1 축적으로 남북은 22단(1단은 120리)으로 나뉘어 있다. 그리고 다시 각 단을 6치 6푼의 폭(1폭은 80리)으로 해 가로로 접을 수 있도록 했다. 이 22단을 순서대로 접합하면 세로 7미터, 가로 3미터에 달하는 커다란 한 장의 조선 전도가 되었다. 지도 첫머리인 제1층에는 좌표와 지도표, 지도유설, 서울의 도성도, 경조오부도 등이 실려 있다. 지도 방안(方眼)에 매방십리(每方十里)라고 축척을 표시했다. 이합(離合)이 자유로운 절첩식(折疊式) 지도로서 10리마다 눈금을 찍어 거리를 쉽게 측정할 수 있게 했다. 이 지도에는 산과 산맥, 하천의 이름과 형상, 바다·섬·마을을 비롯해 관청·병영·성터·역참·창고·목장·봉수·능묘·방리·고현·온천·도로 등이 상세히 기록되었다.

『대동여지도』의 특징은 이전의 지도에서 즐겨 사용하던 설명식의 주기를 모두 없앴다는 점이다. 그리고 제1층에 범례로 지도표를 제시해 지도 내용을 간단명료하게 도식화하고 기호식으로 표시했다. 또한 『청구도』에서는 지도의 여백을 이용해 호구와 전결 등을 기재했는데,『대동여지도』에서는 지지에 관한 내용이 생략되었다. 이 지도에 표기된 지명의 총수는 1만 2,000곳으로 행정적인 내용이나 군사적인 측면에서도 긴요한 자료였다.

김정호에게 지도와 관련된 자료를 제공하고 재정을 지원한 사람은 최한기였을 것으로 추측된다. 또한 조선 후기 급격한 상업 발달로『대동여지도』제작이 시작되었을 것으로 생각된다. 즉 장시(場市)의 발달로 보부상들은 자신들에게 필요한 지도를 제작하기 위해 김정호를 재정적으로 지원했을 가능성이 있다. 민간에 떠도는 이야기로는 김정호가『대동여지도』제작을 위해 30여 년간 전국 각지를 두루 답사해 실측한 자료로 만들었다고 한다. 이를 위해 그는 백두산에만 17번이나 올랐다고 전해진다. 또한 그의 외동딸이 이 일을 거들었다고 한다. 그러나 당시의 교통 사정과 김정호의 재정적인 형편으로 볼 때 조선 팔도를 모두 답사했을 가능성은 희박하다. 설사 재정적으로 도움을 받았다 치더라도 호랑이의 먹잇감이 될 수도 있는 위험까지 감수하면서 두루 돌아다니기는 힘들었을 것이다.

한편 김정호는 흥선대원군 집권 때『대동여지도』의 인쇄본을 조정에 바쳤다고 한다. 그런데 조정 대신들은 이 지도의 정밀하고 자세함에 깜짝 놀란 나머지 나라의 기밀을 누설시킬 수 있다는 혐의로 판각을 압수했다. 그리고 이 일로 김정호도 옥사했다고 전한다. 그러나 현재『청구도』와『대동여지도』가 온전하게 남아 있고, 목판도 일부가 전해지고 있는 것으로 봐서 사실인지는 알 수 없다.

김정호의 지도 제작은 조선의 땅덩어리가 어떻게 생겼는지를 보여줌으로써 일반 백성의 시야를 넓혀주었다는 데 의의가 있다.

박물학의 대가 이규경

이규경은 실학자 이덕무(李德懋)의 손자다. 그의 할아버지는 박학하고 재주가 많아 제자백가와 기서(奇書)에 이르기까지 두루 통달했다. 문장에도 일가를 이루어 사람의 감정이나 사물의 형태 등을 멋지게 묘사했다. 그는 일찍이 정조가 규장각을 세우자 유득공(柳得恭)·박제가(朴齊家)·서이수(徐理修)와 함께 검서관으로서 이름을 날렸다. 이덕무는 심염조(沈念祖)의 사행을 따라 청나라 연경에 가서 그곳의 명망 있는 문인들과 교류했다. 그리고 청나라의 산천·도리·궁실·누대로부터 초목·곤충·조수에 이르기까지 이름을 적어와 귀국한 뒤로는 더욱 이름이 알려졌다.

아버지 이광규(李光奎)도 할아버지를 이어 검서관에 등용되어 오랫동안 규장각에서 근무했다. 이규경은 이러한 가정 환경에서 자라면서 조선과 중국의 고금 사물에 대한 수백 종의 서적을 탐독했다. 공부하면서 얻은 정밀한 고증을 바탕으로 천문·역수·종족·역사·지리·문학·음운·종교·서화·풍숙·야금·병사·초목·어조 등 모든 학문을 변론해 1,400여 항목을 담아낸 『오주연문장전산고(五洲衍文長箋散稿)』를 저술했다. '오주'라는 이름에서 이미 그가 중국 중심의 세계관에서 벗어났음을 알 수 있다. 이규경은 이 밖에도 『오주서종박물고변(五洲書種博物考辨)』을 저술했다. 이러한 책에서 신지식을 제시해 새로운 학풍을 조성했다.

이규경은 대외 무역에서 개시(開市: 시장을 처음 열어 물건 매매를 시작함)와 교역의 필요성을 강조했다. 1832년(순조 32) 영국 상선이 조선에 교역을 요구해왔을 때 특별히 개시를 허락해 달라고 주장했다. 그러면서 조약도 엄중히 할 것을 당부했다. 이러한 이규경의 신지식과 현실 인식은 1876년(고종 13) 개항 이후 지식인들에게 진지하고 절실하게 받아들여졌다.

기학의 제창자 최한기

최한기는 1803년(순조 3)에 최치현(崔致鉉)의 아들로 태어났다. 본래 평민 집안이었으나 증조부가 무과에 급제한 후 양반이 되었다. 최한기의 자는 지로(芝老), 호는 혜강(惠岡)·패동(浿東)·명남루(明南樓)다.

최한기를 직접 만난 이규경은 "일찍이 경학·사학·예학·율여·수학·역상에 두루 통해 이에 관한 저술을 남겼다. 널리 모으고 분류별로 고증하며 기억력이 뛰어나고 넓게 공부했으니 속된 선비에 견줄 바가 아니다"라고 그를 평가했다.

최한기는 책을 좋아했고 눈 깜짝할 사이에 수천 자의 원고를 썼으며, 누가 옆에서 잘못 썼다고 지적해주면 그 자리에서 바로 고쳤다. 또한 누가 질문했을 때 하나라도 모르는 것이 나오면 매우 부끄러워했다. 그는 산수를 매우 좋아해 유람을 자주 다녔다. 금강산에 올라 사색에 잠기기도 했으며, 산에서 내려오다가 절에 들러 따끈한 차를 달여 마시기도 했다. 이처럼 그는 학문과 자연을 매우 사랑하는 성품을 지녔다.

최한기는 저술을 통한 학문 활동으로 일생을 보냈다. 그는 서울의 시정(市井)에서 생활하면서 눈앞에 펼쳐진 백성의 생애와 일상 업무를 자신의 학문 자료로 삼았다. 그는 자연, 즉 하늘의 일월성신과 서울 천보(불암)·수락·인왕·와우산이 사시사철 변하는 모습에 순응하면서 지식을 배양하고 뜻있는 벗을 집으로 초대해 견문을 넓혔다.

최한기는 교육과 학문을 평생 종사해야 할 일로 생각했고 몸소 실천했다. 그는 자신의 학문에 대한 자부심도 대단해 의리에 합당하다면 얼마든지 새로운 학문이나 제도를 제창할 수 있다고 여겼다. 최한기는 천금을 아끼지 않고 동서고금의 서책을 사들여 연구실에 쌓아놓고 연구에 몰두했다. 저술을 통해 후학에게 혜택을 줄 방법을 택한 것이다. 그는 자기의 저술 곳곳에서 "앞사람이 아직 밝히지 못한 것을 밝혔다"고 했다. 그렇게 그는 조선 제일의 저술가가 되었다.

최한기는 1830년대에 이미 기(氣)를 설명하는 구조에서 음양과 오행의 틀을 완전히 벗어났다. 그는 음양이라든가 오행이라는 말을 쓰지 않았다. 그리고 공(空)과 허(虛)의 개념을 철저히 배제했다. 서학과 관련한 책을 베낄 때도 '공'이라는 글자가 있으면 이를 다른 글자로 바꿨다. 이뿐만이 아니었다. 그는 국가와 인종의 차별 인식을 없애고 각국의 정치 제도와 풍속을 인정하면서 자연히 화이(華夷)라는 말 자체를 쓰지 않았다. 청나라의 『해국도지(海國圖志)』에서 오랑캐를 뜻하는 '이(夷)'나 '만(蠻)'을 인용할 때는 '인(人)'으로 고쳐버렸다.

최한기는 1850년대 말에 각국의 윤리 도덕과 정교 등을 종합적으로 연구해 『지구전요(地球典要)』를 편집했다. 그리고 『기학(氣學)』에서 이른바 세계인이 공감해 행할 수 있는 '기학'을 제창했다. 그는 기의 속성을 '활동운화(活運動化)'의 구조로 제시하고 인간과 사회와 자연을 이 틀에 따라 설명하려 했다. '활'은 생명, '동'은 운동, '운'은 순환, '화'는 변화를 의

미한다. 우주에 존재하는 모든 것은 여기에서 벗어날 수 없다는 이론이다.

1851년(철종 2)부터는 『인정(人政)』의 편찬을 준비해 1860년(철종 11)에 완성했다. 이 저술에서는 자연·사회·인간의 문제를 총체적이고 유기적으로 파악해 인류가 나아갈 새로운 방향을 모색했다.

방랑 시인 김병연

김병연(金炳淵)은 1807년(순조 7) 경기도 양주에서 태어났다. 본관은 안동, 자는 성심(性深), 호는 난고(蘭皐)다. 속칭 김삿갓 혹은 김입(金笠)이라고 부른다. 그는 안동 김 씨 집안이 주도하는 세도 정권 아래에서는 하늘도 보기 싫다며 삿갓을 쓰고 대지팡이를 짚은 채 전국을 방랑했던 인물이다.

김병연이 5세였던 1811년(순조 11), 평안도에서 홍경래의 난이 일어났다. 이때 김병연의 조부 김익순(金益淳)이 홍경래 난 때 반군에 투항한 죄로 집안이 멸족을 당할 지경이었다. 다행히 김병연은 하인 김성수(金聖洙)의 도움으로 부모 품을 떠나 형 김병하(金炳河)와 함께 황해도 곡산으로 피신했다. 훗날 김병연 집안은 멸족에서 폐족으로 사면받았다. 그래서 형제는 다시 어머니 함평 이 씨 품으로 돌아왔다. 그러나 아버지 김안근(金安根)은 화병으로 죽었다.

김병연의 어머니는 자식들이 폐족의 자손으로 멸시받는 것이 싫어서 고향을 떠나 강원도 영월로 이사했다. 그러나 김병연은 일찌감치 어머니에게 조부에 관한 내력을 듣고는 출세에 지장이 있을 것이라는 사실을 알았다. 김병연의 동생 김병두(金炳㴐)는 전라도 나주군 곡강 군지에서 은둔했다. 그도 형의 성격을 닮아 위풍과 거동이 속세를 초탈했고 시비를 잘 분별하는 능력이 있었다. 당시 그 마을에서는 김병두의 집을 '서울 양반댁'이라고 불렀다고 한다.

김병연은 본부인인 장수 황 씨와 사이에서 아들 김익균(金翼均)을 두었고, 황 씨가 죽은 후 얻은 둘째 부인 경주 최 씨로부터 아들 김영규(金英奎)를 얻었다. 1891년(고종 28), 김영규는 무과에 급제해 선전관과 전라우후·시종원시경을 지냈다. 김병연의 집안은 1897년(고종 34)에 정치적으로 복권되었다.

한편 김병연은 20세가 되던 무렵부터 처자식을 버리고 방랑길에 올랐다. 그는 푸른 하늘을 볼 수 없는 죄인이라 자처하며 삿갓을 쓰고 다녔다. 김삿갓이라는 이름도 그래서 붙여졌다. 또한 아버지가 죽은 후로는 대지팡이를 짚고 다녔다. 그는 금강산을 유람하고 충청도와 경상도를 돌고 난 뒤 경상도 안동의 도산서원 아랫마을 서당에서 몇 년간 훈장 노릇을 하기도 했다. 그리고 다시 전라도·평안도를 거쳐 어릴 때 자랐던 황해도 곡산으로 가서 김성수의 아들 집에서 1년쯤 훈장 노릇을 했다. 그렇게 조선 팔도에 김병연의 족적이 닿지 않은 곳이 없었다. 이때마다 숱한 일화를 남겼다.

김병연은 1863년(철종 14) 전라도 동복의 어느 선비 집에서 죽었다. 아들 익균은 그의 시신을 수습해 강원도 영월 태백산 기슭에 묻었다.

조선의 한시는 김병연에서 망했다는 말이 있다. 그만큼 그는 격식에 구애받지 않고, 조선인이 하고 싶은 말을 그대로 시로 표현했다. 철종 연간에는 김병연뿐만 아니라 삿갓을 쓰고 다니는 사람이 여러 명 있었는데, 이러한 현상은 모두 당시의 세태를 반영한 것이다. 사회 기강이 문란해지자 격식에 구애받지 않고 재야에서 문예를 창작하는 사람이 많아졌고, 창작 기법도 파격과 조롱·야유·기지 등 다양했다. 특히 육두문자와 외설은 바로 김병연 시의 소재였다. 김병연의 시는 순조에서 철종 연간 조선 백성의 삶의 모습을 진솔하게 그려냈다고 할 수 있다.

서예의 대가 김정희

김정희는 1786년(정조 10)에 아버지 김노경과 어머니 기계 유 씨 사이에서 장남으로 태어났다. 그런데 김정희는 유 씨가 임신한 지 24개월 만에 충청도 예산에서 태어났다고 한다. 조금 자라서는 큰아버지 김노영(金魯永)의 양자가 되었다. 김정희의 본관은 경주고, 자는 원춘(元春), 호는 추사(秋史)·완당(阮堂)·예당(禮堂)·시암(詩庵)·노과(老果) 등 수백 가지다.

김정희가 7세가 되던 때 입춘첩(立春帖: 입춘에 대문이나 기둥에 행운과 건강 등을 기원하며 쓰는 글귀)을 써서 대문에 붙였다. 채제공이 지나가다가 이를 보고 누구의 집이냐고 물으니 김노경의 집이라고 했다. 채제공은 김노경의 집과 대대로 혐의가 있어서 서로 왕래하지 않고 지내왔으나, 김정희의 글씨를 보고 특별히 방문했다. 그러자 김노경이 깜짝 놀라 "대감께서는 어찌하여 소인의 집을 다 방문하십니까?"라고 했다. 채제공이 "대문에 붙어 있는 글씨를 누가 쓴 것인가?" 하고 묻자, 김노경이 "우리 애가 썼다"고 대답했다. 이에 채제공은 "이 아이가 반드시 명필로 일세에 이름을 떨칠 것이다. 그러나 글씨를 잘 쓰면 반드시 운명이 기구할 것이니 절대로 붓을 잡게 하지 마라. 만약 문장으로써 일세를 올린다면 반드시 크게 출세할 것이다"라고 했다.

김정희의 재주는 시·서·화에 대한 감정이 첫째고, 글씨가 그다음, 시문을 짓는 것이 그다음이었다. 1809년(순조 9) 생원시에 합격했고, 1819년(순조 19) 문과에 급제해 예조참의·설서·검교·대교·시강원보덕을 두루 역임했다. 1836년(헌종 2)

에 병조참판을 거쳐 성균관 대사성 등을 역임했다.

　1830년(순조 30), 김노경이 윤상도(尹尙度)의 옥사를 배후에서 조종한 혐의로 고금도에 유배된 적이 있었다. 윤상도의 옥사는 윤상도가 호조판서 박종훈, 전 유수 신위(申緯), 어영대장 유상량(柳相亮) 등을 탐관오리로 탄핵하다가 군신을 이간시켰다는 이유로 순조의 미움을 받아 추자도로 유배되었던 사건이다. 그로부터 10년이 지난 1840년(헌종 6), 이미 김노경은 이 세상 사람이 아닌데도 안동 김 씨는 케케묵은 문제를 다시 들고 나왔다. 이로 말미암아 이미 죽은 김노경은 추죄(追罪)의 형벌을 받았다.

　김노경은 경주 김 씨로 영조의 계비 정순왕후의 오빠 김구주와 가까운 일족이었으므로 당파는 벽파에 속했다. 그러나 안동 김 씨 김조순이 권력을 잡자 정치색을 바꾸어 잠시 시파인 안동 김 씨를 지지한 적도 있었다. 그가 평안감사로 있을 때 효명세자가 풍양 조 씨 조엄(趙曮)의 손녀를 아내로 맞이한다는 소식을 듣고 반대했던 것이다. 조엄이 평안감사로 있을 때 뇌물을 받았기 때문에 그의 손녀를 장차 한 나라의 국모가 될 사람으로 삼을 수 없다는 것이었다. 김노경은 안동 김 씨가 효명세자의 혼인에 제동을 걸 줄 알고 선수를 쳐서 풍양 조 씨를 반대하는 입장에 섰다. 이 말을 들은 풍양 조 씨 실세인 조병구는 김노경에게 원한을 품게 되었다.

김노경은 안동 김 씨의 실세 김유근에게도 미움을 산 적이 있었다. 일찍이 김유근이 어린 나이로 문과 급제에 혈안이 되어 있는 것을 보고 김조순에게 충고한 적이 있었다. "공의 조카가 아직 소년이지만 뒷날에 부귀는 걱정할 것이 없지 않은가. 글공부에 마음을 두는 것이 옳고, 그렇게 조급하게 출세하려 할 필요는 없는 것 같다"고 한 것이다. 김유근은 이 말을 늘 언짢게 여기고 있었다.

풍양 조 씨와 안동 김 씨 두 가문에 대한 언동으로도 알 수 있듯이 김노경은 바른 소리를 잘하는 강직한 정치가의 면모가 있었다. 그래서 김노경은 당대를 대표하던 두 가문과 사이가 좋지 않았다. 그런 가운데 김유근과 조병구 등은 이미 죽은 김노경이 본래 벽파를 지지했으니 소급해 벌을 주자고 주장했다. 결국 김노경을 추죄하면서 승지였던 아들 김정희는 1840년(헌종 6)부터 1848년(헌종 14)까지 9년간 제주도에서 유배 생활을 했다.

한편 철종이 즉위하고 헌종의 삼년상이 끝날 무렵인 1851년(철종 2) 예론이 발생했다. 이때 영의정 권돈인의 예론이 김정희의 조종에 의해서 나온 것이라 해 김정희는 또다시 북청으로 유배되었다.

김정희는 어려서부터 총명해 일찍이 박제가의 제자가 되었다. 24세 때 아버지가 동지부사로 청나라에 갈 때 그를 수행해 연경에 체류하면서 옹방강(翁方綱)·완원(阮元) 같은 대학자와 접촉할 기회가 있었다. 청나라 대학자들은 김정희를 '해동제일통유(海東第一通儒)'라 부르며 칭찬했다.

귀국 후 그는 금석학에 몰두했다. 그리고 1817년(순조 17) 북한산을 등반해 진흥왕순수비를 연구했다. 이듬해 6월에는 다시 조인영과 함께 북한산에 올라 진흥왕순수비를 탁본했다.

김정희는 눈이 매우 높았다. 그래서 옛사람이나 당시 사람이 지은 「시문」을 인정하는 일이 거의 없었다. 이 때문에 감정에는 뛰어났으나 「시문」을 창작하는 데는 졸렬해 글이 많지 않았다. 그저 사우 간에 왕복한 편지 정도가 있을 뿐이다. 남의 글만 기탄없이 비판하고 정작 자신의 「시문」에는 스스로 일가를 이루지 못했던 것이다. 그래도 몇 편의 시가 남아 있다. 특히 금강산 일만 이천 봉을 노래한 시는 기이해 모든 이가 매우 칭찬하고 다른 토를 달지 못했다.

김정희의 서예는 청나라에 다녀오면서부터 크게 진보했다. 옹방강과 완원에게 금석문 감식법과 서법에 대해 지도받은 후에 그는 서법에 대한 인식이 달라졌다. 옹방강의 서체를 따라 배우면서 연원을 거슬러 올라가 조맹부(趙孟頫), 소식(蘇軾), 안진경(顏眞卿) 등 여러 서체를 공부했다. 다시 더 소급해 한·위 시대의 여러 예서체에 서예의 근본이 있음을 깨달았다. 그리고 이를 받아들이기 위해 노력했다. 그래서 중국 명필 서체의 장점을 취해 독창적인 서체인 추사체를 이루었다. 추사체는 김정희가 제주도에 유배되었을 때 무한한 단련을 거쳐 이룩한 조선 예술 사상 최고의 걸작이었다.

김정희의 글씨는 옛것에 얽매이지도 않고 당시에 아첨하지도 않았다. 그저 마음에서 우러나와 독보적인 경지로 나아갔다. 다른 사람에게 써준 편액과 병풍·족자는 모두 기이해 구성과 필획이 모두 비틀비틀 구불구불 호방했다. 그러나 작은 글씨로 쓴 해서는 글자마다 정묘해 살아 움직이고 있는 것 같았다. 이처럼 김정희의 글씨는 기이한 서체가 많은데, 행서와 초서가 특히 그렇다. '기험(奇險)'이 바로 김정희의 예술이고, 인생 그 자체였던 것이다.

김정희는 그림에도 일가견이 있었다. 「부작난화(不作蘭畵)」 같은 문인화 작품은 결코 가볍게 감상할 그림이 아니다. 이 그림은 초서와 예서, 그리고 기이한 글자 쓰는 기법으로 그렸다. 세상 사람은 이 그림을 잘 이해할 수 없어 좋아하기도 어려웠다. 여기에는 『유마경(維摩經: 대승 불교 경전 중 하나)』의 깊은 의미가 담겨 있었다.

김정희의 또 다른 명작 「세한도(歲寒圖)」는 김정희가 정치적으로 박해를 받아 제주도에 귀양 가 있던 시절인 1844년(헌종 10)에 그린 그림이다. 유배 기간 그에게는 아무런 지위도 권력도 없었고, 그의 주위를 얼씬거리던 사람은 모두 어디에 갔는지 보이지 않았다. 돈과 권력이 있을 때 그에게 붙어 있다가 권력에서 배제되니 누구 하나 그를 거들떠보지 않았다.

이때 역관 이상적(李尙迪)이 사제간의 의리를 저버리지 않고 두 번씩이나 북경에서 귀한 책을 구해서 부쳐주었다. 김정희는 공자가 말한 "날씨가 추워진 후에 소나무와 잣나무가 시든다는 것을 안다"는 뜻이 가슴 깊이 와 닿았다. 그래서 붓을 빼 들고 「세한도」를 그렸다. 이 그림에서 그는 변화무상한 인간 세상의 탐욕과 권력에 아부하지 않고 절조를 지키는 외로운 선비의 도리를 표현했다. 온갖 풍상에도 굴하지 않는 소나무와 잣나무의 굳세고 곧은 성품이 바로 김정희가 바라던 인간상이요 예술 세계였다.

1856년(철종 7) 10월, 김정희는 71세의 나이로 경기도 과천에서 죽었다. 김정희가 죽자 사관은 다음과 같은 글을 남겼다.

전 참판 김정희가 졸(卒)했다. 김정희는 이조판서 김노경의 아들로서 총명하고 기억력이 투철해 여러 가지 서적을 널리 읽었으며, 금석문과 도사(圖史)에 깊이 통달해 초서·해서·전서·예서에 있어서 참다운 경지를 신기하게 깨달았다. 때로는 혹시 거리낌 없는 바를 행했으나, 사람들이 자황(雌黃: 문자와 어구를 첨삭함)하지 못했다. 그의 동생 김명희와 더불어 훈지(壎箎: 형제간에 화목함)

처럼 서로 화답해 울연(蔚然: 나무가 무성할 정도로 우거지게)히 당세의 대가가 되었다. 어린 나이에는 영명(英名)을 드날렸으나, 중간에 가화(家禍)를 만나서 남쪽으로 귀양 가고 북쪽으로 귀양 가서 온갖 풍상을 다 겪었으니, 세상에 쓰이고 혹은 버림을 받으며 나아가고 또는 물러갔음을 세상에서 간혹 송나라의 소식(蘇軾: 당송 팔대가의 한 사람인 소동파)에게 견주기도 했다.

『철종실록』 8권, 철종 7년 10월 10일

철종의 죽음

철종조에는 삼정이 문란하여 전국적으로 민란이 일어났다. 그러나 이러한 민란의 수습도 기껏해야 삼정이정청이라는 임시 특별 기구를 설치하는 정책을 수립하는 데 그쳤다.

철종은 안동 김 씨와 힘을 합해 근본적인 정책을 수립하지 못했다. 그저 모든 관료와 재야 선비에게 대책을 세워 올리게 했을 뿐이다. 물론 철종으로서는 60년 안동 김 씨 세도의 굴레에서 벗어나 자신의 능력을 발휘하기가 그리 쉽지 않았을 것이다. 그래서 구제책이라는 것도 고식적인 정책에 불과했다.

철종은 왕으로서 정치력을 발휘할 기회도 없이 술과 여색에 빠져 지낸 날이 많았다. 그러다 1863년(철종 14) 12월 7일에 병이 악화됐고, 다음날 33세의 일기로 창덕궁 대조전에서 죽었다.

능은 경기도 고양시에 있는 예릉(睿陵)이다.

제26대 고종, 조선의 국호를 버리고
대한제국을 열다

왕위에 오른 흥선군의 아들

1863년(철종 14) 12월, 철종이 죽었다. 후사를 남기지 못한 철종의 뒤를 이어 왕위에 오른 사람은 이제 겨우 12세에 불과한 홍안(紅顏)의 소년이었다. 그가 바로 조선의 제26대 왕 고종으로, 영조의 현손인 흥선군 이하응의 둘째 아들이다. 고종은 1852년(철종 3) 흥선군과 어머니 여흥 민 씨 사이에서 태어났다. 아명은 명복, 초자(初字)는 명부(明夫), 자는 성림(聖臨), 호는 주연(珠淵)이다.

고종이 왕위에 오를 당시 왕실의 가장 웃어른은 조대비였지만, 철종 연간에 세도를 부리던 안동 김 씨 가문은 조대비를 푸대접했다. 그러다보니 조대비는 자연히 안동 김 씨 가문에 한을 품게 되었다. 이러한 점이 흥선군과 통했다. 왕실 관례상 전대 왕이 후사 없이 사망할 경우 후계자 지명권은 왕실의 최고 어른에게 있었다. 조대비는 자신에게 그런 권한이 올 때를 기다렸고, 흥선군 역시 마찬가지였다.

마침내 철종이 죽자 기회가 찾아왔다. 조대비와 흥선군은 기민하게 움직였다. 조대비가 흥선군의 둘째 아들 명복을 새 왕으로 지목한 것이다. 안동 김 씨 가문에는 뜻밖의 일격이었다. 이들은 왕실의 인물을 모두 제거했다고 방심하고 있었다. 조대비는 먼저 명복에게 익종의 종통을 잇게 했다. 그리고 그를 익성군(翼成君)에 봉한 뒤 관례를 치르고 국왕에 즉위시켰다. 장안의 파락호(破落戶: 집안의 재산을 몽땅 털어먹는 난봉꾼)로 통하던 흥선군은 흥선대원군에 봉해지고 단번에 권력의 중심에 서게 되었다.

고종은 15세 때인 1866년(고종 3) 민치록(閔致祿)의 딸을 왕비로 삼았다. 그가 바로 명성황후다. 명성황후는 고종의 아버지 흥선대원군만큼이나 정치 감각이 있는 인물이었다. 이에 비해 고종은 성품이 나약하고 조용한 인물로 알려졌다.

고종은 명성황후를 비롯해 7명의 부인에게서 7남 4녀를 두었으며, 명성황후가 낳은 아들이 제27대 왕 순종이다.

흥선대원군의 내정 개혁

고종 즉위 후 10년간 정권을 틀어쥔 인물은 흥선대원군이다. 첫 3년간은 조대비가 수렴청정을 했지만 이미 실권은 흥선대원군에게 있었다. 흥선대원군은 의욕적으로 국가와 왕실의 기틀을 바로잡기 위한 조치를 취했다. 오랜 세월을 장안의 파락호로 위장해 살아온 날은 이 순간을 위한 포석이었다.

대원군이 집권하기 직전까지 조선의 왕권은 바닥에 떨어지다시피 했다. 서학이 전래하여 유교 전통이 동요했다. 이런 가운데 60여 년간 지속한 세도 정치로 왕도 정치 실현은 요원해지고 정국 파행은 계속되었다. 국법 질서가 문란해지자 삼정의 폐단이 기승을 부렸다. 그러면서 관리는 중간에서 세금을 착복하고 국고는 텅 비었다. 백성은 백성대로 생활고에 허덕였다.

대원군이 무엇보다 먼저 손을 댄 것은 인사 행정이었다. 그동안 왕권을 추락시켜온 외척 세도를 누르고 왕실의 권위를 바로 세우려는 계획이었다. 안동 김 씨 인맥을 밀어내고 당색과 지연·신분의 차별 없이 인재를 등용하고자 했다. 이는 대원군 주위에 별다른 인맥이 없었던 탓에 가능한 일이었다.

이어 국가 기구를 정비했다. 비변사의 기능을 축소해 지위를 격하시켰다. 대신 의정부와 삼군부의 기능을 부활시켰다.

문·무관의 권한을 분리시켜 건국 이래 확립된 정치 제도를 복구한 것이다. 비변사는 임진왜란이 일어난 후 군사뿐 아니라 중앙 정부의 최고 정무 기관으로 자리 잡았다. 그러다보니 건국 초부터 있던 의정부와 삼군부는 본래의 정무와 군사 기능을 잃게 되었다. 즉 비상시에나 필요한 문·무 고관의 합의체가 왕권을 능가하는 권한을 행사하며 세도 정치를 받쳐주었다. 따라서 정상적인 국무 수행과 명령 체계의 단일화를 위해서도 이러한 구조 조정이 필요했다.

대원군은 법전도 손을 봤다. 『경국대전』을 비롯한 역대 법전을 참고해 『대전회통』을 편찬했다. 이어 『육전조례』와 『오례편고』 등을 간행했다. 이는 왕실과 국가의 법전을 바로잡자는 취지였다.

이렇듯 대원군은 인사와 행정 기구, 법 제도 등 국정 운영의 골격을 손질했다. 이 밖에 서원 철폐, 호포제 실시, 경복궁 중건 등을 통해 국가의 기반을 튼튼히 하고 왕실의 권위를 재확립하고자 했다.

서원 철폐

대원군은 서원을 철폐해 백성의 지지를 받았지만 유림의 반발을 샀다. 원래 서원은 향교와 마찬가지로 선현의 봉사와 인재 양성을 목적으로 설립된 교육 기관이었다. 향교가 국립이라면 서원은 사립이라는 점이 달랐다.

서원은 뛰어난 학자들을 배출해 학문 발전에도 많이 기여했다. 그래서 많은 토지와 노비를 하사받고 면세와 면역의 특권까지 받았다. 그러나 세월이 지나면서 본래의 성격이 변질되었다. 지방 유림의 세력 기반이자 당쟁의 소굴이 되었고, 역(役)을 피하려는 자들이 몰려들었다. 게다가 각종 명목을 붙여 백성을 착취했다. 서원은 어느새 도적의 소굴로 변했다. 서원은 세도 정권의 지지 기반이기도 했다. 그러나 유가의 선현을 모시고 역대 왕들도 이를 장려했다는 이유로 누구도 섣불리 손을 댈 수 없었다.

흥선대원군은 과감히 칼을 뽑아들었다. 국가 기강을 세우기 위해서라도 서원 철폐는 불가피한 조치였다. 대표적으로 말썽이 많은 충청도의 화양동 서원과 만동묘가 철폐되었다. 이곳은 흥선대원군이 젊은 시절 유람을 갔다가 유생의 발길질에 봉변을 당한 곳이기도 했다. 그만큼 유생의 기세가 등등했던 곳이었다. 이어 나라 안 600여 개의 서원을 47개만 남기고 모두 허물어버렸다. 철폐된 서원의 유생들은 쫓아버리게 했는데, 이에 항거하는 자는 죽이라 했다. 이에 놀란 유생들이 들고일어났다. 대궐 문간까지 와서 울부짖는 유생도 있었다.

조정에서는 변이 생길까 두려워 흥선대원군에게 명령을 거둘 것을 청했다. 선현의 제사를 받들어야 선비의 기풍을 기를 수 있다는 것이 이유였다. 그러자 흥선대원군은 "진실로 백성에게 해가 되는 것이 있으면 공자가 다시 살아온다 해도 내 기필코 이를 용서하지 않겠다"며 불호령을 내렸다. 그러면서 선비는커녕 도적 떼가 있는 곳이 서원이 아니냐고 질타했다. 결국 흥선대원군은 포도대장에게 엄명을 내려 대궐 앞에서 농성하는 유생들을 쫓아냈다. 그런데도 여러 고을에서는 유림을 두려워해 감히 서원 철폐령을 받들지 못했다. 격분한 흥선대원군이 명을 수행하지 않는 수령 하나에게 본보기로 중징계를 내렸더니 그제야 여러 고을에서 일제히 명을 따랐다.

흥선대원군은 후속 조치를 취했다. 6도에 암행어사를 보내 평민을 침해한 사족의 재산을 몰수하게 했다. 이 조치로 인해 떵떵거리던 양반이 숨을 죽이고 감히 나쁜 짓을 하지 못했다. 이러한 과감한 개혁을 추진한 흥선대원군은 백성의 칭송을 받았다.

흥선대원군이 과감한 개혁을 단행한 이유는 백성뿐만 아니라 나라 경제도 고려했기 때문이다. 즉 서원이 불법으로 점유한 땅과 노비를 몰수하고 역을 피한 사람들을 추적하기 위함이었다. 서원을 철폐하자 많은 땅과 노비가 환수되어 국가 재정 확충에 도움이 되었다. 그러나 유림의 위세와 영향력까지 완전히 사라진 것은 아니었다. 지방 유생과 양반들은 흥선대원군의 조치에 불만을 품었고, 결국 이들은 대원군을 가로막는 걸림돌이 되었다.

호포제와 사창제 실시

대원군은 국가 재정 확충에 심혈을 기울였다. 이를 위해서는 무엇보다 전정을 바로잡아야 했다. 서울의 권문세가와 지방의 토호들은 많은 토지를 점거하고 있었다. 그런데다 면세·탈세 등 이런저런 이유로 세금을 내지 않아 국가 재정은 날이 갈수록 곤궁해졌다. 아울러 농민은 농민대로 농사지을 땅이 없어 생활이 곤궁했다. 1862년(철종 13) 진주 민란을 비롯해 충청도·전라도·황해도·함경도 등에서 대대적으로 일어난 민란은 이러한 상황을 반영한 것이었다. 농민 항쟁의 직접적인 원인이 삼정의 문란에 있었으므로 이에 대한 개혁이 불가피했다. 그러나 그동안 논의만 있었을 뿐 실천이 따르지 않았다.

대원군은 먼저 토지 대장에 없는 토지인 진전(陳田: 오랫동안 경작하지 않는 토지)과 누세결(漏稅結: 세금을 내지 않는 토지)을 색출했다. 토호들에게는 여러 토지를 하나로 합치는 토지 겸병도 금지하고 사사로이 차지하고 있는 어장을 나라에 환속시켰다.

곧이어 군정에서도 상민에게만 부과한 군포를 양반에게까

지 확대해 징수했다. 이 조치는 조선왕조 전 시기를 통틀어 가장 획기적인 일이었다. 균등 과세의 원칙에 따라 신분 여하를 막론하고 각 호마다 2냥씩 징수했다. 그래서 '호포'라 했다. 물론 호포제가 신분 제도 철폐를 의미하는 것은 아니었다. 이를 실시하면서 흥선대원군은 양반의 위신을 고려해 하인의 이름으로 내라고 했다. 누구의 이름으로 내든 제대로만 징수된다면 문제가 될 것이 없다는 입장이었다.

다음으로 말썽 많은 환곡 문제도 손을 댔다. 본래 빈민 구제책으로 실시된 환곡 제도가 당시에는 관리들의 고리대로 변했기 때문이다. 흥선대원군은 김병학의 건의를 받아들여 환곡제를 사창제(社倉制)로 바꿨다. 그리고 인구가 많은 동리에 사창을 설치하고 고을 사람 중에서 성실하고 넉넉한 사람을 우두머리로 삼아 이를 관리하도록 했다. 사창제 실시로 관리의 부정이 완전히 없어지지는 않았다. 그래도 결과적으로는 농민의 부담이 많이 줄었고, 국가 재정에도 상당한 보탬이 되었다.

경복궁 중건

흥선대원군이 왕권을 강화하기 위해 실시한 대표적인 사업 중 하나가 바로 경복궁 중건이었다. 경복궁은 조선왕조의 정궁(正宮)이다. 가옥으로 치면 본체나 마찬가지다. 경복궁은 조선 초에 창건되었으나 임진왜란 때 불타버린 뒤 270여 년이나 방치되었다. 중건 계획이 없었던 것은 아니지만, 나라의 재정이 어렵다보니 실현되지 못했다. 흥선대원군은 재정이 부족하더라도 나라와 임금의 체면을 위해서라도 경복궁 중건이 이루어져야 한다고 생각했다.

1865년(고종 2) 경복궁 중건을 담당할 영건도감(營建都監)을 설치하고 일에 착수했다. 미리 예산을 확보한 것은 아니었고 일단 목표를 정하고 필요한 돈을 그때그때 조달해가는 형식이었다. 흥선대원군은 백성에게 노동력과 재력을 제공해달라고 호소했다. 원납전을 발행해 재화를 자진 납부하는 이에게는 벼슬과 포상을 내렸다. 이에 종친들이 수만 냥의 기부금을 내고, 왕도 내탕금 10만 냥을 하사해 솔선하는 모습을 보였다. 그러자 서울에서 10만 냥이 거두어졌으며, 착공한 지 10개월 만에 500만 냥의 기부금이 들어왔다.

영건도감에서는 부역하는 사람에게 수고료로 1인당 1전씩을 지급했다. 또한 근교에서 공사장까지 왕복하는 사람을 위해 서울 사람들이 숙박을 제공하도록 명하기도 했다. 수시로 관리를 현장에 파견해 일하는 사람들을 격려했으며, 관리에게도 포상했다. 그 결과 모든 일이 잘 진행되었다.

그런데 다음해 3월, 공사 현장에 원인 모를 화재가 발생했다. 그 바람에 전국에서 벌채해온 큰 재목들이 모두 불타버렸다. 그러나 대원군은 뜻을 굽히지 않고 공사를 계속했다. 원납전도 받고 부족한 자재를 충당하기 위해 강원도 산중의 거대한 재목을 벌채해 서울로 운반했다. 심지어 민간 신앙의 대상이던 각 지방의 큰 돌과 나무, 그리고 양반 가문 묘소의 보호림까지 벌채를 명했다.

그러나 착공할 당시와 달리 필요한 경비를 충당하는 일은 어려웠다. 말이 자진으로 내는 원납전이지 이제는 원성이 자자한 '원납전(怨納錢)'이 되었다. 경비가 부족하자 흥선대원군은 농민에게 1결당 100문의 돈을 부과하는 결두전(結頭錢)을 실시했다. 도성을 출입하는 사람에게도 일종의 통행세인 문세를 부과했다.

또한 종래에 사용하던 엽전인 상평통보보다 100배의 가치에 해당하는 당백전(當百錢)을 주조해 발행했다. 약 6개월간 16,000만 냥에 달하는 액수를 주조했으나 실질 가치는 20분의 1에도 못 미쳤다. 당백전 발행은 물가고를 초래해 백성의 생활을 압박하는 결과를 초래했다.

이런 어려운 상황에서도 마침내 착공한 지 2년 만인 1868년(고종 5) 7월에 경복궁이 완공되었다. 종묘와 종친부, 6조 이하 각 관서와 도성까지 수축해 500년 고도의 면모를 과시했다. 국가와 왕실의 체모를 갖춘 셈이었다. 재건된 경복궁은 조선 초기에 지어진 것보다 20배 가까이 큰 규모였다. 나라의 정궁이 소실된 지 270년이 넘도록 손도 못 댄 것을 흥선대원군이 강한 추진력으로 단 2년 만에 더 크게 복구한 것이다. 물론 백성의 고단한 노역이 없었다면 이루지 못했을 일이다.

병인박해

대원군의 내정 개혁은 당시 조선의 사정을 고려할 때 가히 혁명이라고 할 만큼 혁신적인 조치였다. 경복궁을 중건하는 과정에 백성에게 고된 노역과 재정 부담을 안긴 것은 안타까운 일이나 후대의 역사가들도 흥선대원군의 내정에 대해서만큼은 후하게 평가하고 있다.

그러나 대외 정책에 대한 평가는 그렇지 못하다. 흥선대원군은 쇄국 정책을 펼쳤다. 이러한 맥락에서 병인박해(丙寅迫害)가 일어났다. 흥선대원군은 천주교도들을 서양 오랑캐의 앞잡이로 여겼다. 그래서 이들을 혹독하게 탄압했다.

천주교는 순조와 헌종 때 박해를 받았지만, 천주교에 대해 비교적 관대한 태도를 보인 안동 김씨 세력이 집권했던 철종 연간에는 다시 교세를 확장했다. 그런데 고종이 즉위하고 조대비가 수렴청정을 하자 천주교에 대한 탄압이 다시 시작되었다. 그러다 천주교도들은 흥선대원군이 집권했을 때 희망을 품은 때가 있었다. 대원군의 부인과 고종의 유모가 착실한 천주교 신자였기 때문이다. 그러나 이들의 바람과는 달리 흥선대원군은 곧바로 천주교를 탄압했다.

흥선대원군이 천주교를 배척하게 된 계기가 있었다. 1860년(철종 11) 영·불 연합군이 북경을 점령하자 러시아는 이를 중재한 대가로 천진(天津) 조약을 통해 연해주를 확보했다. 이 때문에 조선과 러시아는 두만강을 사이에 두고 국경을 접하게 되었다. 이후 러시아는 조선에 자주 통상을 요구해왔다. 고종 즉위 후에는 러시아가 남진한다는 소문이 있어 흥선대원군과 고관들을 불안하게 했다. 이때 승지 남종삼(南鍾三)이 조선에서 활동하는 베르뇌(Siméon François Berneux) 프랑스 주교를 활용해 프랑스와 동맹을 맺으면 러시아의 남진을 저지할 수 있다고 건의했다.

그러나 지방에 있던 다블뤼(Marie Nicolas Antoine Daveluy) 주교와 연결이 지체되면서 차질이 생겼다. 설상가상으로 북경을 다녀온 동지사 이흥민(李興敏)이 청나라에서도 천주교도를 탄압하고 있다고 보고했다. 게다가 조두순(趙斗淳) 등도 배외정책을 지지했다. 결국 흥선대원군은 천주교를 탄압하는 쪽으로 방침을 굳혔다. 앞서 「백서」 사건으로 '천주교도들은 외세의 앞잡이'라는 인식도 한몫했다.

1866년(고종 3) 1월 5일, 베르뇌 주교의 하인 이선이(李先伊)

를 비롯해 전장운(全長雲)·최형(崔炯) 등이 체포되었다. 이들에게는 무시무시한 고문이 가해졌다. 이어 베르뇌 주교, 다블뤼 주교 등 프랑스 신부 9명과 홍봉주(洪鳳周)·남종삼·정의배(鄭義培) 등 주요 신자와 수천 명의 천주교도가 전국에서 체포되었다. 이들은 모두 서울의 새남터와 충남 보령의 갈매못 등지에서 순교했다. 이것이 병인박해다.

병인박해는 신유박해·기해박해와 더불어 3대 천주교 박해로 불리는데, 참상은 병인박해가 가장 심했다.

이후 병인양요·신미양요·오페르트(Ernst Jacob Oppert) 도굴 사건 등이 일어나면서 흥선대원군의 쇄국 정책은 더욱 강화되었고, 천주교도에 대한 박해도 점점 심해졌다.

병인양요

천주교도에 대한 박해가 진행되는 와중에 리델(Félix Clair Ridel) 신부는 조선을 탈출하는 데 성공했다. 그는 페롱(Stanisas Feron)·칼레(Adolphe Nicolas Calais) 등 프랑스 신부와 연락을 취하면서 지방에 은신해 있었다. 대책이 필요하다고 본 이들은 리델을 청나라 천진으로 보냈다. 충청도 해안에서 배를 타고 천진에 도착한 리델은 이곳에 주둔해 있던 프랑스 극동 함대 사령관 로즈(Pierre Gustave Roze) 제독에게 조선의 천주교 박해 사실을 알렸다. 그리고 조선에 있는 두 신부와 천주교도의 구출을 위해 군함을 출동시켜달라고 요청했다. 로즈는 북경 주재 프랑스 대리공사 벨로네(Henri de Bellonet)에게 즉각 이 사실을 알렸다.

벨로네는 가까운 시일 내에 조선을 공격해 국왕을 갈아치울 것이라는 내용의 공문을 청나라 총리아문에 보냈다. 청나라는 관여하지 말고 조용히 있으라는 뜻이었다. 이에 놀란 청나라의 총리아문사무 공친왕(恭親王)이 조선과 프랑스 사이에서 중재에 나섰지만 소용없었다. 흥선대원군은 조선의 일이니 프랑스가 참견할 일이 아니라는 식으로 대응했고, 프랑스는 천주교 박해를 구실로 조선을 개항시키려고 했다.

결국 1866년(고종 3) 9월에 로즈 제독은 군함 3척을 거느리고 산동의 지부항(芝罘港)을 출발했다. 리델 신부와 조선인 신자 3명도 통역 겸 수로 안내인으로 동승했다. 이들은 5일 만에 경기도의 작약도 앞바다에 도착했다. 이 중 암초에 걸려 손상을 입은 1척을 제외하고 나머지 2척이 강화도와 육지 사이의 염하(鹽河: 김포와 강화도 사이의 해협)를 거슬러 올라 한강으로 진입했다. 이때 프랑스 군함은 아무런 충돌 없이 정찰을 마치고 지부로 돌아갔다.

그러나 프랑스 군함의 제1차 원정은 조선 조정을 발칵 뒤집어놓았다. 애꿎은 강화부 중군 이일제(李逸濟)가 파면되고 유수 이인섭이 죄를 추궁당했다. 또한 어영중군 이용희(李容熙)에게 한강변 경계를 강화하게 시켰다. 이렇듯 시키면 연기를 내뿜고 굉음을 내는 이양선이 출몰하자 민심은 흉흉해지고 관리들은 동요했다.

한편 유학자들은 서양 세력을 배격해야 한다고 목소리를 높이고 척사를 주장하는 「상소」를 앞다투어 올렸다. 이 중에서 기정진(奇正鎭)은 "서양과 통교를 하면 2, 3년 안에 백성은 서양화되고 사람은 짐승의 지위로 전락할 것이니 단연코 배격해야 한다"는 내용의 「상소」를 올렸다. 그러면서 '결인심(結人心)', 즉 인심을 하나로 묶어 척사할 것을 주장했다.

프랑스 함대의 제2차 원정은 한 달 후 이루어졌다. 이번에는 그냥 정찰이 아니라 공격이었다. 7척의 프랑스 군함이 물치도(勿淄島) 앞바다에 집결했다. 일본의 요코하마에 주둔하고 있던 군대까지 싣고 와 병력은 600여 명이나 되었다. 한강의 수로가 좋지 않다고 판단한 이들은 강화부를 점령하고 한강 하류를 봉쇄하는 작전을 펼쳤다.

강화도 갑곶진을 점령한 프랑스군은 강화유수의 퇴거 요구를 무시하고 통진부를 습격해 약탈과 방화를 저질렀다. 대경실색한 흥선대원군은 서울의 방어책을 세우는 한편 이용희에게 2,000여 명의 군사를 주어 출정하게 했다. 이용희는 프랑스군에게 「격문」을 보내 속히 물러가라고 했다. 그러자 이들은 "선교사를 살해한 주모자를 엄히 징계하고, 속히 전권대신 (全權大臣: 외교 사절)을 파견해 프랑스 측과 조약을 체결하도록 하라"고 응답했다. 결국 이들의 목적은 조약 체결이었다.

프랑스군은 문수산성(文殊山城)·정족산성(鼎足山城) 등을 정찰하거나 포격하면서 약탈을 일삼았다. 프랑스군 160명이 정족산성의 동문으로 올라오자 미리 잠복해 있던 양헌수(梁憲洙)의 병력은 프랑스군에 사격을 가했다. 이때 프랑스군 6명이 현장에서 즉사했고 30여 명이 부상당했다. 기습을 당한 프랑스군은 무기를 버리고 줄행랑을 쳤다가 아예 갑곶진으로 퇴각했다. 조선 측 피해는 전사 1명, 부상 3명뿐이었다.

이 일이 있은 후 프랑스군은 철수를 결정했다. 곧 겨울이 오는데다 조선군의 병력도 점점 늘었기 때문이다. 이들은 강화읍에 불을 지르고 전등사(傳燈寺) 등에서 약탈한 서적·무기·금·은괴 등을 군함에 싣고 갔다. 이 중에는 강화부 외규장각에서 보관 중이던 조선조 『의궤(儀軌)』도 포함되었다. 이것이 병인양요의 전말이다.

병인양요 이후 조선은 천주교도에 대한 박해를 더욱 강화했다. 서양 오랑캐가 양화진까지 침범한 것은 천주교도 때문이라는 인식이 팽배해진 까닭이다. 그리고 보란 듯이 양화진 근처에 새 형장을 만들어 수많은 천주교도를 처형했다. 이곳이 바로 천주교 순교지로 유명한 절두산 공원이다.

오페르트 도굴 사건

병인양요 전후로 서양인에 대한 적개심을 고조시킨 또 다른 사건이 있었다. 바로 오페르트라는 독일 상인이 흥선대원군의 부친인 남연군(南燕君)의 묘소를 파헤친 사건이다.

오페르트는 일확천금을 얻으려는 목적으로 조선과 통상하기 위해 두 차례에 걸쳐 내항했다. 배를 타고 상해를 거쳐 충청도 앞바다에 도착한 오페르트는 조선의 지방 관헌에게 통상 의사를 표명하면서 국왕 알현까지 요구했다. 그러나 번번이 거절당했다. 이는 1866년(고종 3) 프랑스 함대의 제1차 원정이 있기 직전이었다.

그로부터 2년이 지난 1868년(고종 5) 오페르트는 680톤 차이나호에 130여 명의 선원을 이끌고 충청도 해안에 상륙했다. 이 중에는 한국인 천주교 신자 최선일(崔善一)과 상해의 미국 영사관 통역을 지낸 젠킨스 외 8명의 서양인 선원, 그리고 20명의 말레이시아인과 100명의 청나라 선원이 있었다. 오페르트 일행은 현지 주민에게 자신들을 러시아군이라고 속이고 덕산 군아(郡衙)를 습격해 건물을 부수고 무기를 빼앗았다.

늦은 밤 이들은 가동으로 몰려가 남연군의 묘를 파기 시작했다. 흥선대원군 부친 묘소에 많은 금은보화가 묻혀 있다는 얘기를 듣고 도굴을 시도한 것이다. 놀란 덕산군수가 군민과 함께 저지하기 위해 달려들었지만, 총기로 무장한 이들을 대적할 방도가 없었다. 그러나 다행히 남연군의 묘는 쉽게 파헤칠 수 없었다. 흥선대원군이 묘광(墓壙: 무덤 구덩이)에 석회를 부어 단단히 덮어두었던 까닭이었다. 결국 조수가 빠져나갈 시각이 임박해서야 이들은 도굴을 포기하고 줄행랑을 쳤다.

이러한 일을 전해 들은 흥선대원군은 격노했다. 그는 양이(洋夷: 서양 오랑캐)를 추적해 박멸하라는 엄명을 내리고, 이들과 내통한 천주교도를 색출해 처단하라고 했다. 이런 상황에서 오페르트는 더욱 기고만장하게 굴었다. 고위 관원을 보내 자기들과 협상하지 않으면 국난을 당할 것이라고 오히려 협박했다. 그것도 모자라 영종도에 상륙해 총질을 해대며 난동을 피우다가 성문을 지키던 수비병의 반격에 2명이 사살되었다. 이들은 동료의 시체를 남겨두고 도망갔다.

이러한 일련의 사건들로 서양인에 대한 적개심은 더욱 커졌다. 서양인은 남의 무덤을 파헤치고 아무에게나 총질을 해대는 무도한 야만인이라는 생각이 조선인 사이에 뿌리내리게 되었다.

제너럴셔먼호 사건과 신미양요

1866년(고종 3) 8월, 정체불명의 배 1척이 대동강을 거슬러 평양까지 올라왔다. 미국의 제너럴셔먼호였다. 제너럴셔먼호의 선주는 미국인이었지만 영국 회사가 임대해 사용 중이었다. 이 배는 완전무장한 선원에다 대포 2문까지 갖춘 무장 상선이었다.

배의 선원들을 프랑스 신부 학살에 대한 보복으로 프랑스 함대가 쳐들어올 것이라고 하면서 통상 교역을 요구했다. 그리고는 조선 관리의 만류에도 불구하고 장마로 불어난 강물을 거슬러 평양의 만경대까지 올라왔다. 그러다 비가 그치자 갑자기 수량이 줄어 운항이 어려워졌다. 불안해진 이들은 중군 이현익(李玄益)을 납치하는 등 난폭한 행동을 했다.

이에 분노한 평양 군민이 달려들어 충돌이 빚어졌다. 배에서 대포를 쏘아대자 군민 중에 사상자가 발생했다. 그러자 평양감사 박규수는 화공을 명했다. 운항이 자유롭지 못했던 제너럴셔먼호는 화공을 받자 꼼짝없이 불에 타버리고 말았다. 배에서 탈출한 선원들도 성난 평양 군민에게 붙잡혀 몰매를 맞고 죽었다.

제너럴셔먼호 사건을 계기로 미국에서는 조선을 개항시킬 필요성을 느끼게 되었다. 사건 발생 후 미국 측에서는 배를 타고 두 차례 탐문을 했다. 응징도 하고 손해 배상도 청구할 요량이었다. 또 이를 핑계로 조선과 통상 조약을 맺으려는 생각도 있었다. 그러나 모두 실행하지 못했다. 그러다가 1871년(고종 8)에 조선의 문호를 열 목적으로 원정을 단행하기에 이르렀다.

미국의 아시아 함대 사령관 로저스(John Rodgers)는 콜로라도호를 기함으로 한 군함 5척에 군사 1,230명과 대포 85문을 탑재하고 조선 원정에 나섰다. 청나라 주재 미국 공사 로(Frederick Ferdinand Low)도 함께 타고 있었다. 원정에 앞서 일본의 나가사키에서 약 보름 동안 해상 기동 훈련을 실시한 뒤였다. 조선이 개항 협상을 거부할 경우 무력을 행사하겠다는 계획이었다.

로저스는 인천 앞바다에 도착한 뒤 서울로 가기 위해 수로를 탐색하겠다고 조선 측에 일방적으로 통고하고 강화해협에 들어섰다. 함대가 손돌목에 이르자 조선의 강화 포대에서 사격을 시작했다. 유사 이래 처음으로 조선과 미국 간에 군사 충돌이 벌어진 것이다.

이 사건 이후 미국은 평화적인 탐측 활동을 하려던 함대에 조선 측이 일방적으로 포격했다고 주장했다. 이를 구실로 조선 대표의 파견을 통한 협상과 사죄, 그리고 손해 배상을 요구했다. 거부하면 10일 후에 보복하겠다는 단서도 붙였다. 물론 조선 측에서는 주권과 영토를 침략한 행위라고 반박하며 미국의 요구를 거부했다.

미국은 강화도의 초지진에 상륙해 공격을 개시했다. 10개

중대의 상륙 부대에 포병대·공병대·의무대·사진 촬영반까지 동원해 수륙 양면 작전을 펼쳤다. 미군은 초지진을 점령한 데 이어 덕진진까지 무난히 점령했다. 계속해서 집중 포격을 하며 광성보로 진격했다.

이때 진무중군 어재연(魚在淵)이 이끄는 600여 명의 병력이 결사 항전했다. 당시 화승총을 든 조선군은 6월의 더운 날씨에도 불구하고 솜옷을 아홉 겹이나 입고 있었다. 나름 방탄복으로 만든 옷이었으나 효과는 거의 없었다. 오히려 더위에 지쳐 희생자만 늘리는 결과를 가져왔다. 결국 1시간가량 격렬한 공방 끝에 광성보도 미군에게 함락되었다.

미국의 자료에 따르면 조선군의 피해는 전사자가 350명, 부상자가 20여 명이었고, 미군은 전사자 3명, 부상자 10명이었다. 반면 『고종실록』과 『승정원일기』에는 조선군 전사자가 53명으로 기록되어 있다. 국민의 사기를 고려해 피해 규모를 대폭 축소한 것으로 보인다.

광성보를 점령한 로저스는 다음 날 초지진에서 철수해 본 함대로 돌아갔다. 그는 거기서 조선의 항복 선언 같은 의사 표시를 기다렸다. 그러나 조선은 부평부사 이기조(李基祖)의 이름으로 미국의 침략 행위를 맹렬히 비난하는 「공문」을 보냈다. 로 공사는 이를 반박하면서 조선 국왕 앞으로 보내는 「공문」을 전하려고 했다. 그러나 이기조는 이런 문서를 전달할

위치에 있지 않다며 접수를 거부했다.

당시 로저스가 보유한 병력으로는 조선과 전면전을 펼칠 수는 없는 상황이었다. 결국 로저스는 더 이상의 작전을 펼치지 못하고 철수했다. 미국의 입장에서는 조선의 척화 사상만 고취시키고 별다른 소득 없이 떠나는 꼴이 되었다.

신미양요는 미국이 조선을 정복하고 지배하고자 벌인 침략 전쟁은 아니었다. 단지 무력을 통해 조선을 굴복시켜 개항을 실현하고자 했다. 어쨌든 미국이 압도적으로 승리하고도 그대로 철수하자 흥선대원군은 오히려 기고만장했다. 그리고 민심의 결속을 다진다며 척화 사상 고조에 열을 올렸다. 이때 등장한 것이 척화비다.

洋夷侵犯 非戰則和 主和賣國

戒我萬年子孫 丙寅作 辛未立

서양 오랑캐가 침략하는데 싸우지 않으면 화친하는 것이요,

화친하는 것은 나라를 팔아먹는 것이다.

자손만대에게 경계하노라. 병인년에 짓고 신미년에 세운다.

척화비에는 '주화(主和)는 매국(賣國)'이라는 내용이 있다. '화'를 논하는 자는 매국죄로 다스리겠다는 「교서」와 함께 쇄국에 대한 흥선대원군의 강력한 의지를 거듭 강조한 것이다.

흥선대원군과 민 씨 세력의 대립

원래 흥선대원군은 정권을 잡기 전 안동 김 씨 김병학의 딸을 며느리로 삼기로 했다. 그러나 정권을 잡자 태도를 바꿔 여흥 민 씨 민치록의 외동딸을 왕비로 맞이했다. 그가 바로 명성황후다. 명성황후는 8세에 양친을 잃은 외로운 처지였다. 그런 명성황후를 왕비로 맞은 것은 외척의 정치 개입을 미리 방지하려는 의도였다. 민치록 가문은 세력이 미약하고 대원군 부인의 집안이었기 때문에 극성스런 외척이 될 가능성은 낮았다.

명성황후는 시아버지와 시어머니를 공경했다. 궁중의 모든 어른과 궁인에게도 잘 처신해 칭송이 자자했다. 그러나 정작 남편인 고종에게는 사랑받지 못했다. 더욱이 1868년(고종 5) 윤4월, 고종에게 사랑받던 궁인 이 씨가 완화군(完和君)을 낳았다. 고종과 대원군은 완화군을 무척 아꼈다. 그러자 암암리에 완화군을 세자로 책봉하려는 움직임까지 있었다. 이에 명성황후는 위기를 느꼈다.

명성황후는 1871년(고종 8)에 첫 왕자를 낳았다. 그런데 왕자는 생후 3일이 되도록 대변이 나오지 않아 고생했다. 그러다 흥선대원군이 보낸 산삼을 복용한 지 이틀 만에 죽고 말았다. 이 일로 명성황후와 흥선대원군 사이에 갈등이 시작되었다.

한편 고종은 나이가 들면서 자신이 직접 정치에 나서고 싶어했다. 이를 감지한 명성황후는 아내가 아닌, 정치 반려자로서 고종에게 다가갔다. 그러면서 아버지와 아들 사이에 시작된 갈등을 부추겼다. 남편인 고종 편에 서서 흥선대원군에게 반격을 가하고자 한 것이다. 더욱이 명성황후의 정치 도약에 유리한 분위기가 조성되고 있었다.

1872년(고종 9)부터 흥선대원군의 실정에 대한 비판 여론이 대두되었다. 반대 세력이 들고일어나 흥선대원군의 독점 체제가 서서히 흔들리기 시작했다.

흥선대원군 반대 세력의 중심은 여흥 민 씨였다. 이들은 명성황후가 왕비에 오른 1866년(고종 3)부터 정계에 진출하기 시작했는데, 대원군이 안동 김 씨를 견제하려고 이들을 끌어들였다.

초기 명성황후 세력 형성에 중추적인 역할을 담당한 인물은 민승호(閔升鎬) · 민겸호(閔謙鎬) 형제와 민규호(閔奎鎬) · 민태호(閔台鎬) 형제였다. 민승호와 민겸호는 흥선대원군 부대부인의 친형제이자 흥선대원군의 처남이었다. 특히 민승호는 아들이 없는 민치록의 양자로 입적되어 명성황후의 양오빠가 되었다. 또한 민승호가 죽은 뒤 민규호가 자기 형의 아들인 민영익(閔泳翊)을 명성황후 집안의 양자로 들였다. 이것을 계기로 민규호와 민태호 역시 명성황후와 가까운 관계가 되었다.

이들은 주요 관직을 차지하며 점차 세력을 확대했다. 그리고 명성황후를 중심으로 반(反)흥선대원군 세력을 결집시켰다. 흥선대원군에게 발탁되지 못해 반감이 있던 조대비의 친정 조카 조영하(趙寧夏), 대원군의 친형 이최응(李最應)과 긴밀한 관계를 맺었다. 또한 서원 철폐 등에 반발했던 유림 세력과도 결탁했다.

반흥선대원군 세력은 우선 고종의 친정 분위기를 조성했다. 이최응과 이유원(李裕元) 등은 고종의 존호를 올리는 운동을 펼쳤다. 민치상(閔致庠)·민영목(閔泳穆) 등 민 씨 일파와 그들에 동조하는 세력은 청나라 동치제(同治帝)의 친정설을 유포시켰다. 유림은 흥선대원군의 실정을 비판하는 「상소」를 올렸다. 특히 유림을 대표하는 최익현(崔益鉉)을 탄핵한 사건은 흥선대원군의 하야에 결정적인 역할을 했다.

결국 1873년(고종 10) 12월, 흥선대원군이 물러나고 고종의 친정이 시작되었다. 이렇게 흥선대원군과 명성황후의 갈등은 골이 더욱 깊어졌다.

조선의 개항

19세기에 접어들면서 새로운 시장이 필요했던 유럽 열강들은 아시아와 아프리카 각국의 문호를 두드렸다. "상품이 자유롭게 국경을 넘지 못하면 군대가 국경을 넘어간다"는 말이 유행할 정도로 문호를 개방하지 않은 나라에는 어김없이 대포알이 날아왔다. 이러한 현상은 서구 각국이 산업화 단계를 거치면서 일어난 현상이었다.

그런데 산업 사회로 진입한 유럽 열강들과 달리 아시아와 아프리카의 여러 나라는 산업화가 무엇인지 전혀 모르는 상태였다. 그런 상태에서 서양인들이 이양선을 타고 와서 통상을 요구하니 겁을 먹고 응하지 않았던 것이다. 그러자 유럽 열강들은 대포를 쏘고 총탄을 퍼부으며 아시아와 아프리카의 여러 나라를 무력으로 굴복시켰다. 이후 서양의 외교관과 상인들이 앞다투어 아시아와 아프리카로 몰려왔다. 청나라와 일본의 문호도 그렇게 열렸다.

흥선대원군이 집권하는 동안 안으로 내정을 개혁하고 밖으로 쇄국 정책을 펴나간 것은 당시 백성에게 상당한 호응을 받았다. 그러나 기세등등하던 흥선대원군도 보수적인 양반 유생층과 척족의 연합 공세에 밀려 집권 10년 만에 몰락하고 말았다. 전자는 서원 철폐와 호포 부과로, 후자는 대원군의 권력 독점에 불만이 많았다. 이들의 불만이 결국 흥선대원군을 몰아낸 원동력이 되었다.

한편 흥선대원군 집권 동안 조선이 병인양요와 신미양요를 겪는 사이 일본은 먼저 개방의 길을 걸었다. 일본은 1854년(철종 5)에 미국의 위협으로 처음 문호를 개방했다. 이후 영국·러시아·네덜란드·프랑스 등과 잇달아 조약을 체결하고 문호를 차례로 개방했다. 철종 당시 일본에서는 이 사실을 조선에 통고했지만, 조선에서는 그다지 대수롭지 않게 여겼다. 오히려 "양이가 출몰할지 모르니 경계에 힘쓰라"고 일본에 충고할 정도였다.

정한론과 운양호 사건

일본은 조선보다 한걸음 앞서 세계정세를 읽고 있었다. 1868년(고종 5), 명치유신(明治維新)을 통해 분권적인 막부 정권을 전복하고 천황 중심의 절대주의 체제를 확립했다. 그리고 '문명개화(文明開化)'라는 구호 아래 일본은 안으로 힘을 모으고 밖으로 힘을 뻗쳐나가고자 했다. 이때 일본은 조선을 중요한 정복 목표로 삼았다. 이들은 조선 정복이 일본의 부국 강병을 도모하는 길이라고 여겼다. 조선의 자원과 인력을 확보해 명치유신으로 일자리를 잃은 봉건 무사들의 살길을 열고자 했다.

당시 조선에서는 흥선대원군이 강력한 정치력을 행사하던 때였다. 그가 계속 집권하는 한 조선을 개방하기란 쉽지 않았다. 그런데 1873년(고종 10) 흥선대원군이 하야함으로써 걸림돌이 사라지게 되었다.

일본에서 정한론(征韓論)이 본격적으로 들끓기 시작한 것도 바로 그해였다. 정한론의 거두는 사이고 다카모리(西鄕隆盛)였다. 이후 지속된 논쟁의 골자는 조선을 당장 정복하느냐, 좀 더 기다리느냐 하는 시기 선택의 문제였다. 이 논쟁은 정치 주도권 싸움과 결부되었고, 결국 에토 신페이(江藤新平)와 사이고 다카모리가 난을 일으킨 원인이 되었다. 결국 두 사람은 정부군에 패해 에토 신페이는 효수되고, 사이고 다카모리는 할복자살했다. 급진적인 정한파가 패한 것이다.

이때 이와쿠라 도모미(岩倉具視) 등은 "내치를 우선해야 한다"는 구호로 정한파의 주장을 반박했다. 거기에는 몇 가지 이유가 있었다. 아직 일본 정부는 기초를 확립하지 못해 내란의 위험이 있으며, 이때 조선과 일본이 전쟁을 한다면 러시아만 이득을 본다는 것이었다. 또한 차관(借款)을 빌려줄 영국에도 내정을 간섭당할 틈을 주어 일본이 제2의 인도로 전락할 수 있다는 이유였다.

정한파가 패하면서 일본은 정치 안정 속에 급속히 힘을 키워갔다. 부산을 거점으로 조선 정보 수집에 열을 올리고 군함을 부산에 보내 위력을 과시하기도 했다. 그러던 1875년(고종 12) 9월, 정체 모를 배 한 척이 강화 해협 초지진 포대에 다가왔다. 일본의 군함 운양호(雲揚號)였다. 운양호는 그해 5~6월 조선의 남해안과 동해안을 떠돌며 시위 포격을 하는 등 조선

군민을 불안하게 했던 일본 군함 3척 중 하나였다. 그러나 강화도의 수비병은 이 배의 정체를 알 까닭이 없었다. 게다가 병인양요·신미양요를 겪은 뒤라 잔뜩 긴장한 상태였다. 설사 일본 배라는 사실을 알았다 하더라도 사정은 마찬가지였을 것이다.

초지진 포대에서는 다가오는 운양호를 포격했다. 그러자 운양호는 기다렸다는 듯 대대적으로 함포 사격을 해왔다. 이어 운양호의 군사들은 초지진 포대의 공격에 대한 보복이라며 영종도에 상륙해 약탈과 방화를 서슴지 않았다. 그 결과 조선군은 35명이 전사하고, 16명의 부상자와 포로가 발생했다. 일본군은 2명이 경상을 입었을 뿐이었다. 일본군은 영종도에서 대포 36문과 화승총 130정을 전리품으로 약탈해갔다. 조선의 참패였다. 이것이 바로 조선 개항의 빌미가 된 운양호 사건이다.

조일 수호 조약

이듬해 초 일본에서는 특명전권대신 구로다 기요타카(黑田淸隆), 부대신 이노우에 가오루(井上馨)를 비롯해 미야모토 고이치(宮本小一)·모리야마 시게루(森山茂) 등 4명의 전권사절단을 조선에 파견했다. 이들을 상대한 조선 관료는 접견대관 신헌(申櫶), 부관 윤자승(尹滋承), 종사관 홍대중(洪大重)이었다.

1876년(고종 13) 2월 11일, 강화도 연무당에서 조선과 일본의 제1차 회담이 열렸다. 여기서 구로다 기요타카는 운양호 사건을 들어 조선이 일장기를 모독했다고 비난했다. 그는 운양호가 청나라의 우장으로 항해하는 도중 우연히 강화도에 진입했다면서 운양호에 일장기가 걸려 있는데도 포격을 가한 것은 국가 모독이라고 했다. 신헌은 비록 깃발이 일본 국기라 하더라도 해상 관문을 지키는 군사가 이를 어찌 알고 있겠느냐고 응수했다. 그러나 애초에 운양호는 조선에 시비를 걸 구실을 마련하고자 강화도에 진입했으므로 말이 통할 리가 없었다.

구로다 기요타카는 국기 문제를 심각하게 거론하는 한편 조선도 속히 국기를 제정하고 일본과 통상을 하자고 요구했다. 그사이 강화만에서는 일본 함대가 때때로 대포를 쏘아 조선 접견 대관을 공포에 떨게 했다. 간접적인 협박이었다. 이것은 1853년(철종 4), 미국의 페리(Matthew Calbraith Perry) 제독이 일본을 원정했을 때 에도만에 함대를 진입시켜 해상 시위를 하는 가운데 미일 수호 통상 조약을 체결한 것과 같은 수법이었다. 기세에 눌린 조선 측이 일본의 요구에 끌려가는 형국이었다.

조선 조정에서는 의견이 분분했다. 김병학·홍순목(洪淳穆) 등 대신들은 대부분 반대하는 쪽이었다. 그러나 우의정 박규수는 진작 국방을 강화하지 않고 이제 감당할 능력도 없는데 결과가 뻔한 싸움을 하자는 것은 망발이라며 강화를 주장했다.

이때 청나라를 다녀온 이유원이 개항을 권고하는 청나라 총리아문대신 이홍장(李鴻章)의 긴급 서한을 전했다. 조선이 일본과 조약을 체결하면 전쟁을 피할 수 있고, 만약 조선이 이같은 권고를 받아들이지 않는다면 조선과 일본 간에 어떠한 일이 일어난다 해도 청나라는 책임질 수 없다는 내용이었다. 당시 청나라는 대외적인 정황상 조선에서 분쟁이 일어나는 것을 원치 않았다. 게다가 남하하려는 러시아를 고려할 때 일본이 조선과 맺는 조약을 굳이 저지할 필요가 없었다.

결국 조선은 강화 쪽으로 방침을 굳혔다. 강화도의 연무당에서 조선 대표와 일본 대표 사이에 일명 '강화도 조약'이라 불리는 '조일 수호 조약'이 체결되었다. 그해 8월에는 이 조약에 근거해 수호 조규 부록과 무역 규칙이 성립되었다.

조일 수호 조규 제1조는 "조선은 자주국으로서 일본과 평등한 권리를 보유한다"고 되어 있다. 이 밖에 개항에 관한 조항, 사절 파견, 일본인의 개항장 왕래와 통상 허가, 땅의 임차와 가옥 건축, 일본의 조선 해안 측량, 영사 파견과 재판권 등의 조항이 들어 있다. 부록에서는 개항장 10리 이내의 일본인 자유 여행과 일본 화폐 유통의 허가가 결정되었고, 무역 규칙에는 아편 무역 금지와 일본 선박 입항세 면제, 그리고 일본 수출입품의 관세 면제라는 사상 초유의 무관세 조항이 들어 있었다.

조일 수호 조약은 형식상 조선이 최초로 체결한 근대 조약이다. 적어도 형식상으로는 청나라의 종주권을 공식적으로 부인하면서 양국이 대등한 자격으로 조약을 체결했기 때문이다. 그러나 내용상으로 보면 이 조약은 불평등 조약이었다. 일본의 군사 위협이 가해지는 가운데 강제로 체결되었고, 조선 측에 일방적으로 불리한 내용이었다. 추가 조인된 수호 조규 부록과 무역 규칙은 이것을 더욱 구체화한 것이었다.

우선 조약의 일방성에 문제가 있었다. 모든 내용이 조선에 대한 일본의 권리를 규정하고 있었다. 조약의 유효 기간이나 폐기에 관한 조항이 없으니 물리력을 가진 일본이 원하는 만큼 존속할 수 있게 됐다. 조약의 제1조에서 조선의 자주권을 거론하고 있지만, 이것은 조선과 청나라 간의 관계를 단절시켜 일본 뜻대로 조선을 움직이겠다는 의미였다.

게다가 일본은 개항장에서 일본 화폐 유통권을 확보해 금융 침투의 통로를 마련했다. 또한 수출입 상품에 대한 무관세를 명시해 조선이 국내 시장을 보호하고 재정 수입을 확대할 수단을 배제했다. 조선 측의 무지를 이용한 일본의 사기극이었다. 이 밖에 영사 재판권(치외 법권)은 개항장에서 일본인이

범죄를 저질러도 조선은 사법권 행사를 할 수 없는 조치였다. 일본 상인의 자유로운 활동만 보장한 것이다.

이 조약으로 조선이 얻은 것은 '근대적'이라는 이름뿐 알맹이는 모두 잃었다. 일본이 구미 열강으로부터 강요당한 것을 이번에는 조선에 역으로 적용한 결과였다. 조선은 이 조약으로 종주국 행세를 하는 청나라와 이것으로 시비를 거는 일본 사이에서 이중으로 압박받게 되었다. 일본은 구미 열강의 정치 앞잡이이자 경제 중개상으로서 청나라의 울타리에 있던 조선을 쉴 새 없이 괴롭혔다. 요컨대 조일 수호 조약은 일본에는 준비된 정한론 실행의 첫 단계였고, 조선에는 준비 없는 근대화의 첫걸음이었다.

위정척사 운동

조일 수호 조약 체결을 전후해 조선에서는 이를 반대하는 이들이 있었다. 주로 보수 유생들이었다. 이들의 논거는 위정척사론, 즉 우리의 바른 도를 지키고 그릇된 도를 물리쳐야 한다는 데 있었다. 당시 이들은 일본을 서양 오랑캐와 하나로 보는 왜양일체론(倭洋一體論)을 견지하고 있었다. 일본과 교제하면 오랑캐 문화가 만연해 우리의 전통이 무너진다는 것이었다.

위정척사론은 서학을 배척하던 18세기 후반에도, 불교를 배척하던 고려 말에도 등장했으니 뿌리 깊은 사상이다. 이들의 주장과 비판에는 외세에 대한 예리한 분석이 담겨 타당한 부분도 있었다. 그러나 현실적인 대안이 될 수는 없었다.

19세기 말과 20세기 초에 재등장한 위정척사 운동의 원조는 이항로였다. 1860년대에 일어난 병인양요와 신미양요 당시 이항로는 기정진 등과 함께 척화주전론(斥和主戰論)을 내세웠다. 어떻게 난국에 대처할까 고민하던 고종은 김병학의 건의에 따라 이항로에게 동부승지의 벼슬을 내렸다. 이항로는 벼슬을 사양하고 나라를 잘 다스려 외세에 대처해야 한다는 주장을 펼쳤다. 이러한 주장으로 흥선대원군의 쇄국 정책에 힘을 보탰다.

1876년(고종 13) 1월, 이항로의 제자 최익현과 장호근(張晧根) 등은 도끼를 메고 서울로 올라와 궁궐 앞에 엎드려 강화에 반대하는 「상소」를 올렸다. "내 말을 듣고도 일본과 강화할 지경이면 먼저 이 도끼로 내 목을 치라"는 것이었다. 그는 「상소」를 통해 왜와 서양은 모두 같은 도적이라고 주장했다. 그러면서 저들의 사치품과 우리의 생필품을 교환하면 우리가 황폐해지므로 왜와 강화하고 교역하면 나라가 망한다고 했다.

그러나 이러한 주장이 지극히 타당하더라도, 당장 눈앞에서 군함과 대포를 들이대며 협박하는 상황에서는 대안이 되지 못했다. 요순시대의 이상론을 운운하는 사람들 속에서 어떻게 난국을 돌파해나갈 것인지 고종은 고민했다. 고종은 「상소」에 패륜한 내용이 있다는 구실로 최익현은 전라도 흑산으로, 장호근은 전라도 녹도로 유배 보내라고 했다. 이어 일본과 조약이 체결되었으니 이때의 위정척사 운동은 실패였다.

이렇듯 조선의 문호가 개방되자 위정척사 운동의 양상도 달라졌다. 조일 수호 조약 체결 이후 정부에서는 개화 정책 추진의 일환으로 해외 견문 사절단을 파견했다. 바로 1876년(고종 13)과 1880년(고종 17) 두 차례에 걸쳐 일본에 파견한 수신사와 1881년(고종 18)에 일본과 청나라에 각각 파견한 신사유람단과 영선사(領選使)다.

이 중에서 제2차 수신사 김홍집 일행은 일본을 방문하고 돌아오면서 『조선책략』을 가져와 고종에게 바쳤다. 이 책은 일본 주재 청나라 공사관의 참찬관 황준헌(黃遵憲)의 저술로 조선의 외교에 대해 논한 것이다. 러시아의 남침을 막기 위한 논리로 "중국과 친밀히 하고 일본과 손을 잡으며 미국과 연합해야 한다(親中國 結日本 聯美國)"는 것이 골자였다. 각국의 입장이야 어찌 되었든 당시 조선의 입장에서는 조선의 갈 길을 논한 이 책을 결코 소홀히 여길 수 없었다.

고종은 이 책을 관리와 유생들에게 돌려 읽으라고 했다. 그런데 보수 유생들은 물론 관원들은 이 책의 내용 보고 반발했다. 결국 이 일은 1881년(고종 18)에 일어난 「영남 만인소」 사건의 원인이 되었다. 유생 이만손(李晩孫)을 우두머리로 한 영남 유생 1만여 명이 정부의 개방 정책에 반대하는 「상소」를 들고 올라온 것이다. 이들은 단지 『조선책략』의 내용을 비판하는 데 그친 것이 아니라 이것을 들여온 김홍집을 중형에 처하라고 요구했다.

강원도 유생 홍재학(洪在鶴)은 고종을 직접 비난하는 내용의 「상소」를 올리기도 했다. 고종은 「상소」의 내용이 국왕의 권위까지 위협하는 지경에 이르자 홍재학을 능지처참에 처했다. 이처럼 이때의 위정척사 운동은 목숨을 건 투쟁이었다.

반개화와 반외세의 성격을 띠고 전개된 위정척사 운동은 개화 정책을 추진하던 정부에게 큰 부담이었다. 이에 고종은 『척사윤음』을 내려 정부 입장을 분명히 했다. 또한 수구파의 공격에 대항하기 위해 중앙 기구를 개편하고 개화파 인물을 등용했다.

1881년(고종 18) 1월에는 흥선대원군이 설치한 삼군부를 없애고 통리기무아문(統理機務衙門)을 설치했다. 같은 해 11월에는 이를 다시 개편해 종래의 십이사(十二司)를 칠사(七司)로 하는 등 개화 정책을 잇달아 실시했다. 그러나 개화 정책으로 외국 사절 접대, 일본과 청나라에 사절단과 유학생 파견, 행정 기구 개편, 신식 군대 창설 등을 시행하면서 재정 부담은 커졌다. 정부의 재정 부담이 늘어나자 각종 조세의 증가와 과중한 세납으로 이어졌다. 이는 백성의 부담을 가중시키는 요인이었다. 게다가 중간 관리의 탐학과 농간이 개입되어 부담은 더욱 늘어났다.

권력에서 소외된 보수 유생들은 중앙의 관제 개편과 군제 개편 등을 일본 세력이 조선을 침략하는 과정으로 인식했다. 이런 상황에서 유생들은 자신들이 쫓아낸 흥선대원군을 그리워할 수밖에 없었다. 서원 철폐로 지탄을 받았지만 그의 쇄국 정책이 척사를 주장하는 유생들의 생리에는 맞았던 것이다.

이런 분위기는 흥선대원군과 그의 지지 세력을 고무시켰다. 이것이 불씨가 되어 '안기영(安驥泳) 사건'이 일어났다. 안기영은 1857년(철종 8) 과거에 급제한 후 병인양요 당시 순무영종사관으로 양헌수를 도왔다. 이후 남양군수와 형조참의를 지냈으며, 흥선대원군의 비호를 받던 인물이었다. 그가 흥선대원군의 서자인 이재선(李載先)을 등에 업고 정권 전복을 꾀한 것이다. 거기에는 영남 만인소에 관여한 강달선(姜達善), 강화 유생 이철구(李哲九), 서리 출신 이두영(李斗榮)과 이종학(李鐘學) 등이 가담했다.

이들은 과거를 보러 온 유생들과 시정 사람을 선동한 후 궁궐로 침입하여 국왕을 폐위하고, 척족 인물과 일본 공사관·별기군(別技軍) 교련장 등을 습격하기로 했다. 그러나 모의에 가담했던 광주장교 이풍래(李豊來)가 반역 행위를 고발하면서 가담자 전원이 잡혀갔다. 안기영 등은 대역죄로 능지처참을 당하고, 이재선은 사약을 받았다. 이렇게 거사는 시작도 못 해 보고 실패로 끝났다. 이 사건을 계기로 조정에서는 흥선대원 군 지지 세력을 강력하게 탄압했다.

임오군란

1882년(고종 19), 무위영 소속 구 훈련도감 군인들이 대규모 폭동을 일으켰다. 13개월 치나 밀린 급료 중 겨우 1개월 치를 지급받는 과정에서 쌓인 불만이 폭발한 것이다. 이들은 먼저 선혜청 당상 민겸호의 집을 습격하고, 민 씨 척족의 집과 일본 공사관을 공격했다. 이어 창덕궁에 쳐들어가 척신을 살해하고 명성황후를 찾아 끌어내려고 했다.

명성황후의 행방이 묘연한 가운데 구심점을 상실한 척족 정권은 하루아침에 무너지게 되었다. 그 대신 군민의 여망을 받던 흥선대원군이 10년 만에 권좌에 복귀했다. 흥선대원군 은 행방불명인 명성황후가 사망했다고 서둘러 발표했다. 그 리고 오군영과 삼군부의 복설을 지시했다. 그러나 돌연 청 나라군이 흥선대원군을 납치하면서 흥선대원군의 재집권도 30여 일 만에 무너졌다. 그리고 죽었다던 명성황후가 버젓이 살아 돌아왔다. 명성황후는 그동안 장호원에 숨어 있었다. 이렇게 복귀한 명성황후의 복수가 시작되었다.

민 씨 척족은 수구파의 위정척사론과 안기영 사건 등을 계기로 흥선대원군파와 남인 계열 수구파를 탄압했다. 이에 지배 집단의 내부 분열과 백성의 불신감도 커졌다. 거기에 민 씨 척족들의 매관매직, 관료층의 부패, 국고 낭비 등이 심각한 지경에 이르렀다.

민 씨 척족은 개화 정책을 표방했다. 그러나 이러한 정책도 뚜렷한 목표가 결여된 채 이들의 세력 강화에 이용되었다. 새롭게 개편된 별기군과 통리기무아문도 대체로 민 씨 척족이나 반흥선대원군파 인물이 독점했다. 개화 정책을 빙자한 정권 장악이었다. 게다가 이들은 자신의 정권 기반을 다지기 위해 청나라를 끌어들였다. 이것이 임오군란 이후 청군이 흥선대원군을 납치하고 조선에 군사를 주둔시킨 원인이 되었다.

임오군란을 일으킨 군인들의 불만에 직접적인 영향을 준 것은 군제 개혁이었다. 1881년(고종 18) 4월, 신식 군대를 양성하기 위해 별기군을 창설한 데 이어 같은 해 12월에는 군사 제도에 대한 대개혁을 단행했다. 즉 기존의 훈련도감·용호영·금위영·어영청·총융청 등의 오영을 폐지하고 무위영·장어영의 이영을 설치했다. 그런데 별기군 창설 과정에는 일본 공사 하나부사 요시모토(花房義質)의 권고와 지원 약속이 있었다. 또한 일본군 호리모토 레이조(掘本禮造)를 교관으로 배치해 일본식 훈련을 습득하게 했다. 이 과정에서 이영의 군사들은 별기군과 차별 대우를 받았다. 그러면서 오영 소속 군병들의 불만이 고조되었다.

민 씨 정권이 군제 개혁을 추진하면서 구식 군대를 차별했던 가장 큰 이유는 지배층의 사치와 낭비, 관리의 부정부패 등으로 국가 재정이 파탄 난 데 있었다.

그런데 성난 군인들이 일본 공사관을 공격한 이유는 무엇일까? 조일 수호 조약 이후 일본 상인이 조선의 대외 무역을 독점하자 자급자족 경제를 유지하던 조선 재래 수공업자들과 농민층에 피해가 돌아갔다. 조선은 점점 식량이 부족해졌고, 이로 인해 곡물 가격이 폭등했다. 이렇듯 일본 상권이 확대되면서 조선의 경제 기반은 흔들리기 시작했고, 도시 영세민과 하급 군인들은 불만이 쌓였다. 이것이 임오군란이 일어난 원인 중 하나였다.

임오군란 직후 청일 양국은 조선에 군대를 파견했다. 일본은 일본 공사관이 공격받은 것을 빌미로 배상금을 요구한 뒤, 제물포 조약을 통해 일본군을 서울에 주둔시킬 수 있었다. 한편 청나라도 적극적으로 조선을 간섭했다. 게다가 영국은 군란을 틈타 이미 체결한 조약을 개정해 관세율을 하향 조정했다.

결국 임오군란은 일본이 조선을 군사적으로 지배할 수 있는 계기가 되었다. 또한 조선에서 반일파와 반청파의 대립이 격화되면서 갑신정변이 발발하는 계기가 되기도 했다.

갑신정변

임오군란이 일어난 지 2년 반 만에 서울에서는 다시 무력 정변이 발생했다. 이른바 갑신정변이다. 1884년(고종 21), 우정국 낙성 축하연이 벌어지던 곳에서 김옥균(金玉均)·홍영식(洪英植)·박영교(朴泳敎)·박영효·서광범(徐光範)·서재필(徐載弼) 등이 주축이 되어 쿠데타를 일으킨 것이다. 이들은 일찍이 세계정세에 눈을 뜬 박규수·오경석(吳慶錫)·유홍기(劉鴻基) 등에게 개화사상을 배운 양반 출신의 젊은이들이었다. 이들 개화당의 목적은 보수적인 척족 정권을 뒤엎고 일본을 모델로 조속히 부강한 새 나라를 세우자는 데 있었다.

그러나 정변의 배후에 일본 공사가 있었다. 일본은 젊은 개혁가들을 부추겨 청나라에 의존하려는 민 씨 정권을 몰아내려 한 것이다. 당시 청나라는 안남(安南: 베트남)을 놓고 프랑스와 충돌하면서 임오군란 후 조선에 주둔했던 청나라군 3,000명 중 절반인 1,500명을 빼간 상태였다. 정세를 읽은 일본은 즉각 김옥균 등을 충동질했다. 전에 개화당이 요청했다 거절당한 차관(借款)은 물론, 군사까지 제공하겠다고 나섰다.

이에 개화당은 한 번 해볼 만한 일이라 생각했다.

개화당이 예상한 쿠데타군은 서재필 휘하의 사관생도 14명, 장사패 40여 명, 박영효가 광주유수 재직 당시 양성한 병력 500명, 윤웅렬(尹雄烈)이 함경남병사 재직 시 양성한 신식군 250명 등 최대 800명이었다. 그러나 사관생도와 장사패를 빼면 나머지는 오합지졸이나 마찬가지였고 무기는 더욱 열악했다. 게다가 개화당은 윤웅렬을 정변에 가담시키지 않았기 때문에 그는 거사 직전까지도 이 계획을 전혀 몰랐다. 그러니 실제 가담한 병력은 예상보다 훨씬 적은 숫자였다.

운명의 날 밤, 연회에 참석한 내외 인사는 약 20명이었다. 주빈인 우정국 총판 홍영식을 필두로 박영효·김홍집·한규직(韓圭稷)·민영익·이조연(李祖淵)·김옥균·서광범·윤치호(尹致昊) 등과 독일인 재정 고문 묄렌도르프(Paul George von Möllendorff), 미국 공사 푸트(Lucius Harwood Foote), 영국 총영사 애스턴(William George Aston), 조선상무총판 진수당(陳樹棠), 일본 공사 서기관 시마무라 히사시(島村久) 등이 참석했다. 일본 공사 다케조에 이치로(竹添進一郎)는 계획적으로 불참했다.

정변을 일으킨 김옥균 등은 즉각 교동의 일본 공사관을 거쳐 창덕궁으로 갔다. 그리고 고종에게 변란이 발생했으며 사태가 위급하다고 알렸다. 곧이어 고종을 경우궁으로 모시는 한편 일본 공사에 연락해 보호를 요청했다. 일본 공사가 즉시 군사를 보내어 4문을 수비하게 하고, 경우궁 안팎에서는 서재필의 지휘로 개화당의 병력 60여 명과 친군영 소속의 조선군 일부, 그리고 일본군 100여 명이 고종을 경호했다.

이날 밤, 개화당은 곧바로 정적을 제거하기 시작했다. 변란 소식을 듣고 고종을 알현하려고 입궐하던 한규직·이조연·민태호·민영목·조영하 등 수구파와 척족 인물 일부를 죽이고, 개화파를 배신한 궁중 내시 유재현(柳在賢)을 처단했다.

다음 날 아침, 개화당은 명성황후의 요청으로 좁고 활동하기 불편한 경우궁 대신 계동궁(桂洞宮: 고종의 사촌형인 이재원의 집)으로 고종의 거처를 옮겼다. 그리고 이곳에서 새 정권을 수립했다. 새 정권에는 개화당 측 인물과 민 씨 척족에게 소외되었거나 개화당에서 이용할 만한 인물이 포진했다. 물론 이 중 실세는 거사의 주역들이었다.

개화당은 이날 오후 5시에 국왕의 거처를 다시 옮겼다. 장소가 불편하다는 신정대비와 명성황후의 불평 때문이었다. 이에 방어에 유리한 계동궁을 떠나 다시 원래의 창덕궁으로 장소를 옮겼다. 이는 명성황후의 계략이었다. 창덕궁은 워낙 넓어서 개화당의 소수 병력만으로는 방어하기 어려웠다. 반쿠데타군의 공격을 우려한 김옥균 등은 창덕궁으로 옮기는 것을 단호히 거절했다. 그런데 어쩐 일인지 일본 공사는 일본군만으로도 청나라군을 격퇴할 수 있다고 호언장담했다. 결국 고종이 환궁을 명하자 김옥균 등은 이를 거절하지 못하고 따랐다. 그리고 이날 밤, 개화당은 다음과 같은 14개 조항의 정강을 발포했다.

1. 흥선대원군을 조속히 귀국케 하고 청나라에 대한 조공 허례를 폐지할 것.

2. 문벌을 폐지하고 인민 평등의 권리를 제정해 능력에 따라 인재를 등용할 것.

3. 전국의 지조법(地租法)을 개혁해 간리(奸吏: 간사한 관리)와 탐관오리들을 근절하고 궁민(窮民)을 구제하며 국가 재정을 충실하게 할 것.

4. 내시부를 폐지하고 이 중에서 재능 있는 자만을 허통해 등용할 것.

5. 그동안 국가에 해를 끼친 탐관오리 중에서 심한 자는 처벌할 것.

6. 각 도의 환자미(還上米: 백성에게 꿔준 곡식의 이자로 받는 곡식)는 영구히 면제할 것.

7. 규장각을 폐지할 것.

8. 조속히 순사를 두어 도적을 방지할 것.

9. 혜상공국(惠商公局: 부보상을 보호하기 위한 기관)을 혁파할 것.

10. 그동안 유배 또는 금고된 죄인을 다시 조사해 무고한

죄인은 석방할 것.

11. 사영(四營)을 합쳐 일영(一營)으로 하되, 영 중에서 장정을 선발해 근위대를 조속히 설치하고 육군대장은 왕세자로 할 것.

12. 일체의 국가 재정은 호조에서 관할하고, 그 밖의 재무 관청은 폐지할 것.

13. 대신과 참찬은 날짜를 정해 합문 내 의정부에서 회의하고 정령을 의정·공포할 것.

14. 의정부·6조 외에 불필요한 관청을 혁파하되, 대신과 참찬으로 하여금 이를 심의해 아뢰도록 할 것.

청나라에 대한 사대 조공 폐지와 인민 평등권 확립, 지조법 개혁, 국가 재정의 호조 관할, 경찰 제도 실시 등이 주요 골자였다. 대외적으로는 청나라와 관계를 대등하게 조정하고, 대내적으로는 왕권을 제한하면서 신분 제도와 재정·사법·군사·행정 등의 여러 제도를 혁신하자는 내용이다. 혜상공국은 보부상을 관할하는 민 씨 척족 정권의 보루기 때문에 혁파하자는 것이었다. 보부상이 저항할 만한 조치였으나 토착 행상을 밀어내고 조선에서 상권을 확대하려는 일본 상인의 구미에 맞는 것이었다.

정변의 주역 가운데는 유럽에서 직접 견문한 자가 없었으니 결국 유럽을 모방한 일본을 모델로 삼을 수밖에 없었다. 정변 주역들은 국왕을 중화 체제에서 탈피한 자주독립 국가의 상징으로 내세우고 자신들의 주도로 부국강병책을 추진하려고 했다.

그러나 사태는 정변 주역들의 판단과 달리 첫날부터 뜻대로 풀리지 않았다. 우선 일본 공사의 선동과 지원을 믿고 정변을 일으킨 것이 문제였다. 무력 기반이 약하다보니 정변의 승패는 일본에 의해 좌우될 수밖에 없었다. 결국 개화당은 일본에 이용당한 것이었다. 더욱이 청나라군이 서울에 주둔하며 척족 정권을 지지하는 상황에서 청나라의 즉각적인 개입은 불 보듯 뻔했다.

정변이 일어난 다음 날, 청나라군은 즉각 개입했고, 국왕이 머무는 창덕궁을 향해 대포를 쏘며 무지막지한 공격을 감행했다. 사태가 여의치 않자 먼저 일본군이 빠져나갔고, 쿠데타군은 삽시간에 무너져 달아났다. 창덕궁의 북장문으로 탈출해 끝까지 국왕을 모시던 홍영식·박영교와 사관생도 7명이 청나라군과 조선군에게 피살되었다. 김옥균·박영효 등은 변장한 채 일본 공사 일행과 함께 탈출하는 데 성공했다. 그러나 백성이 달아나는 이들을 도처에서 공격해 계속 쫓기는 신세가 되었고, 결국 이들은 바다를 건너 일본으로 망명했다. 이렇게 개화당이 일으킨 갑신정변은 삼일천하로 끝이 나고 말았다.

동학 농민 운동

서세동점(西勢東漸)이 진행되면서 조선에서는 이에 대응하려는 움직임이 나타났다. 바로 개화 운동, 위정척사 운동, 동학 농민 운동이었다. 개화 운동은 처음엔 소수의 지식인이 주도하다가 점차 정부가 수용하면서 한국 근대사의 주류가 되었다. 위정척사 운동은 보수 유생들에 의해 대원군 집정기에 주류를 이루다가 개항 이후 점차 비주류로 밀려났다. 반면 동학교도와 농민이 중심을 이룬 동학 농민 운동은 시종 비주류에 머물렀다. 그러나 규모와 세력, 후대에 미친 영향은 앞의 두 흐름을 능가했다.

최제우에 의해 시작된 동학은 민간에 전승되어온 고대의 전통 신앙인 하느님을 받드는 내용이 바탕을 이루고 있다. 여기에 유·불·선의 교리가 합쳐지고 주문과 부적 등을 활용하는 방법으로 전파되었다. 그러나 동학의 중심 사상은 어디까지나 사람이 곧 하늘이라는 '인내천(人乃天)'에 있었다. 이는 만민 평등사상으로, 전통적인 신분 사회 질서를 무너뜨릴 혁명과도 같은 사상이다.

제2대 교주 최시형과 교세 확장

교조(敎祖) 최제우가 혹세무민(惑世誣民)의 혐의로 체포되어 사형당하자, 동학도들은 관을 피해 태백산맥으로 깊숙이 숨어들었다. 그러나 제2대 교주인 최시형(崔時亨)에 의해 동학은 사회적인 기능을 잃은 기존 종교를 대신해 꾸준히 성장했다.

최시형은 경상·충청·전라 등 삼남 지방을 다니며 포교해 많은 신자를 확보했다. 그리하여 1883년(고종 20)에는 손병희(孫秉熙)·손천민(孫天民)·박인호(朴寅浩) 등 충청도 출신(북접계) 간부들이 입도했다. 1890년대 초에는 전봉준(全琫準)·손화중(孫華仲)·김개남(金開南) 등 전라도 출신(남접계) 간부들이 입도했다. 최시형은 동학의 경전인 『동경대전』과 『용담유사』를 간행하고, 포(包)를 기본 조직으로 접주를 두고 각지에 도소(都所)를 설치했다.

그런데 충청감사 조병식(趙秉式)이 관내의 양민을 동학으로 몰아 침탈하는 등 관의 탄압이 다시 시작되었다. 이에 몇몇 동학의 간부들이 이를 기회로 포교의 자유를 얻고자 교조 신원 운동을 펼치기도 했다. 동학도들은 1892년(고종 29) 10월에는 공주에, 11월에는 삼례에 모여 대규모 집회를 열었다. 여기에서 동학도들은 교조의 억울함을 풀어주고 동학도에 대한 탄압을 금해달라는 「소」를 감사에게 올렸다.

이에 놀란 조병식과 전라감사 이경직(李耕稙)은 교도 탄압을 금할 것을 약속했다. 그러나 교조 신원은 이들의 권한이 아니었다. 이에 박광호(朴光浩) 등 동학교도 40여 명이 상경하는 유생들 틈에 끼어 서울로 향했다. 이들은 광화문 앞에 엎드려 3일 밤낮을 호소했다. 그러나 조정에서는 이들의 우두머리를 잡아들이고 나머지 동학도를 강제로 해산시켰다.

그런데 이때 서울에 수만 명의 교도가 집결한다는 소문이 퍼지면서 민심이 흉흉했다. 각국 외교 대표부와 교회, 외국인 주택에 척양·척왜·천주교 배척을 내용으로 하는 출처 불명의 벽보가 나붙었다. 서울에 거주하는 외국인들은 위협을 느꼈다. 미국 공사 허드(Augustine Heard)는 외아문독판(外衙門督辦) 조병직(趙秉稷)에게 괘서에 대한 설명을 요구했다. 영국 총영사 힐러(Walter Caine Hiller)는 청나라 군함 파견을 종용했다. 일본 영사 스기무라 후카시(杉村濬)는 자국 거류민에게 철수를 위해 인천에 집결토록 지시했다. 청나라군도 본국에 타전해 순양함 2척 파견을 요청했다. 모두가 지나친 반응이었다.

한편 1893년(고종 30), 최시형은 각 도의 접주에게 통문을 돌려 동학교도들을 보은에 집결토록 한 뒤 대규모 집회를 열었다. 당시 장내에 모였던 동학교도의 숫자만 2만여 명, 이 중에서 전라도에서 참가한 동학교도만 6,000여 명이 넘었다. 이들은 돌성을 쌓고 '척왜양창의(斥倭洋倡義)'의 깃발을 들어 기세를 높였다.

이때 보은군수 이중익(李重益)은 최시형을 만류했으나, 최시형은 "이번의 창의는 척양·척왜에 있으며, 동학은 사학이 아니다"라는 말과 함께 지방관의 탐학까지 비난하고 나섰다. 이에 정부는 어윤중을 양호선무사(兩湖宣撫使)로 임명해 현지에 파견했다. 어윤중은 거듭 장내를 방문해 동학의 간부를 면담하고 해산을 권고했다. 그사이 홍계훈(洪啓薰)이 경군(京軍: 임금의 호위를 주로 맡아보던 군사) 600명과 구식 기관포 3문을 이끌고 청주로 출동하자 동학도들은 일단 해산했다. 최시형 등 간부들도 장내를 떠나 행방을 감추었다.

고부 민란과 녹두 장군 전봉준의 등장

한편 전라도에서는 1894년(고종 31)에 고부(古阜) 민란이 일어났다. 전라도는 물산이 풍부한 곡창 지대로 국가 재정도 상당 부분 이 지역에 의존했다. 그러나 대대로 이 지역 농민은 관리의 가혹한 세금 착취에 시달렸다. 고부군수로 부임해온 조병갑(趙秉甲)은 이런 관리 중에서도 악독한 자였다. 기회만 있으면 온갖 명목을 갖다 붙여 백성을 수탈했고, 이렇게 강탈한 재물만도 2만 냥에 달했다.

또한 면세를 약속하고 농민에게 황무지를 개간하게 한 뒤 추수기가 되면 세금을 내라고 했다. 대동미를 쌀로 받는 대신 돈을 거둔 뒤 질 나쁜 쌀을 사다 바쳐 차액을 착복했다. 태인 현감을 지낸 자기 아버지의 공덕비를 세운다고 강제로 돈을 거두기도 했다.

이에 분노한 백성이 마침내 만석보(萬石洑) 문제로 들고일어났다. 만석보는 농민의 노력을 동원해 동진강에 건설한 수리 시설이었다. 그런데 조병갑이 강의 하류에 꼭 필요하지도 않은 보를 새로 쌓고 농민에게 과중한 수세(水稅)를 부과했다. 참다 못한 농민 40여 명이 고부 군아에 가서 조병갑에서 거듭 「진정서」를 올렸으나 매질만 당했을 뿐이었다.

이때 농민의 부탁을 받고 「진정서」를 써준 사람이 바로 전봉준이었다. 5척 단신으로 녹두(綠豆)라는 별명이 있던 그는 대원군의 사랑채를 드나든 문객 중 한 사람이었다. 학식이 있던 그는 훈장 노릇을 하면서 지역의 동학 접주로 있었다. 농민의 사정에 분노한 전봉준은 동지 20명과 함께 각 마을 집강(執綱: 동학의 직위 중 하나)에게 보내는 「사발통문」을 작성했다. 주모자가 누구인지 모르도록 빙빙 돌아가면서 서명한 것이다. 이들은 봉기를 맹약하면서 동시에 고부군에 도소(都所)를 정하고 다음과 같은 4개항을 결의했다.

첫째, 고부성을 부수고 군수 조병갑의 목을 치자.

둘째, 군기창과 화약고를 점령하자.

셋째, 군수에게 아첨해 백성을 괴롭힌 탐학한 관리를 응징하자.

넷째, 전주영을 함락하고 서울로 직행하자.

전봉준은 1,000여 명의 군민을 이끌고 마침내 고부 관아를 습격했다. 모두 머리에 흰 수건을 동여매고 몽둥이와 죽창을 들었다. 이들은 무기고를 부수고, 창고에서 꺼낸 쌀을 농민에게 나누어 주었다. 이어 만석보로 가서 새로 쌓은 문제의 보를 허물어버렸다. 조병갑은 간신히 탈출해 전라감사 김문현(金文鉉)에게 "불순한 농민들이 난리를 일으켰다"고 보고했다. 그러나 조병갑의 죄상이 낱낱이 알려지면서 곧 체포되었다.

조정에서는 고부군수에 박원명(朴源明)을 임명하고 이용태(李容泰)를 안핵사로 삼아 사태를 수습하게 했다. 그런데 이용태가 이를 동학교도 탄압의 기회로 여기는 바람에 사태는 더욱 악화되었다. 동학교도들에게 죄를 씌워 잡아들이고 이들의 집을 불태우는가 하면, 소재가 불분명한 동학교도는 처자까지 잡아다가 죽였다.

동학 농민 운동의 확산과 집강소 설치

결국 이런 사태는 타오르는 농민의 분노에 기름을 붓는 결과가 되었다. 격분한 동학교도와 농민은 다시 봉기했다. 흥덕·고창·부안·금구·태인 등 전라도 각처에서도 농민군이 봉기했다. 전봉준은 동지 김개남·손화중 등과 모의해 부근 일대의 동학교도과 농민을 고부의 백산에 집결시킨 뒤 강령을 발포하고 각처에 「통문」을 돌려 봉기를 촉구했다. 소식을 듣고 백산으로 모인 농민의 수는 금세 1만여 명에 육박했다. 이들이 군사 행동을 개시하자 고부·태인·금구·부안의 관청이 속속 점령되고, 봉기는 점차 전국으로 확산되었다.

전라감사 김문현은 군사 250명과 보부상 5,000명을 동원해 동학 농민군을 토벌하게 했지만, 황토현 전투에서 형편없이 패했다. 사기충천한 농민군은 정읍·흥덕·고창을 점령하고 무장에 진입했다.

농민 봉기 소식을 들은 조정에서는 홍계훈을 양호초토사로 파견했고, 홍계훈은 장위영병 800명을 이끌고 전주에 입성했다. 그러나 관군은 사기가 저하되어 도망가는 자가 속출했다. 홍계훈은 중앙군의 증원을 요청하는 동시에 청나라군을 빌려야 한다고 주장했다. 이에 조정에서는 먼저 장위영병 300명과 강화병 500명을 파병했다.

증원군이 합류하자 관군은 농민군을 추격하기 시작했다. 그러나 장성의 황룡촌에서 벌어진 접전에서 관군은 패주했다. 농민군은 여세를 몰아 장성에서 북상해 전주성에 육박했다. 겁에 질린 전라감사 김문현이 달아나자 전봉준 휘하의 동학 농민군은 전주성에 무혈입성하게 되었다.

이렇게 전봉준이 이끄는 농민군이 전라도를 휩쓸 무렵, 충청도의 동학 농민군은 최시형의 뜻에 따라 거사에 반대하고 종교 운동에 주력하고 있었다. 그러다 동학 중진들의 권고로

각처의 동학 접주에게 「통문」을 띄웠다. 그리하여 충청도 청산현에 수천 명의 교도가 집결했다.

이들은 전봉준 휘하의 동학 농민군이 황토현 전투에서 승리했다는 소식을 듣고 사기가 충천해져 회덕현을 습격했다. 충청감사 조병호(趙秉鎬)는 은진 파수병 100명을 급파하는 한편 충청병상 이용복(李容復)에게 청주영병 200명을 파병해 달라고 했다. 이어 전주의 홍계훈에게 원병을 요청했다. 그사이 북접의 동학 농민군이 휩쓸고 지나간 공주와 청주 이남은 무정부 상태나 다름없었다. 이때 최시형은 스스로 동학 농민군을 해산했다.

한편 홍계훈 휘하의 관군은 전주성 밖에 이르러 농민군과 대치했다. 홍계훈은 "동학도가 진정한 것을 성상께 아뢰어 실시토록 할 터이니 각자 고향으로 돌아가 본업에 종사하라"며 동학 농민군과 타협을 시도했다. 이에 전봉준은 자신들의 요구 사항을 제시했다. 탐관오리의 가렴주구 배제와 외국 상인의 횡포 금지, 국내 특권 상인의 배격, 미곡의 해외 유출 방지 등이 골자였다. 이를 받아들인다면 해산할 용의가 있다는 것이었다. 홍계훈이 마침내 이를 받아들여 전주 화약이 성립되었다. 청·일 양군의 개입을 우려한 관군과 동학 농민군이 내린 결단이었다. 전주성 점령 10여 일 만에 동학 농민군은 전주성에서 철수했고, 홍계훈은 군사를 이끌고 전주에 입성했다.

그럼에도 전라도 일대는 치안과 행정이 마비된 상태였다. 일부 무분별한 동학도와 동학도를 가장한 무뢰배들이 문제였다. 게다가 일본군 첩자들이 도처에서 활개를 쳤다. 농민은 들떠 있었고, 수령은 모두 달아나버려 무정부 상태였다. 전라감사 김학진(金鶴鎭)은 전봉준을 감영으로 불러 치안 복구와 관민 화합을 위한 방책을 상의했다. 동학교도의 협력 없이는 지방 행정의 질서와 수령의 위신을 회복할 수 없었기 때문이다.

이때 집강소(執綱所)라는 민정 기관이 설치되었다. 집강소는 전라도 53주(읍)의 관아에 설치되었는데, 동학교도가 각 읍의 집강이 되어 지방의 치안과 행정을 담당하게 했다. 전주에 대도소(大都所: 총본부)를 두고 집강소에는 집강 밑에 서기·성찰·집사·동몽 등의 임원을 두었다. 전봉준은 금구·원평 등을 중심으로 전라우도를, 김개남은 남원을 중심으로 전라좌도를 관할했다.

일본군의 개입과 동학 농민 운동의 진압

한편 청나라군과 일본군이 조선에 들어와 심상치 않은 행보를 보이자 이를 감지한 전봉준은 동학 농민군을 이끌고 다시 봉기했다. 1894년(고종 31) 가을에 전주에서 전봉준이, 광주에서 손화중이 봉기하자 각처에서 동학 농민군이 모여들었다. 전라도 삼례역에 모인 동학 농민군의 수는 11만 명에 달했다. 종교적인 입장을 고수해 무력 항쟁을 꺼렸던 충청도의 동학교도들도 이때는 동참했다.

동학 농민군이 논산에 집결한 뒤 목천의 세성산과 공주의 우금치에서 전투가 벌어졌다. 충청감사 박제순(朴齊純)은 논산에 동학 농민군이 집결한 것을 중앙에 보고했고, 관군과 일본군이 행동을 개시했다.

11월 하순, 전봉준이 군사를 이끌고 공주로 북상하는 중에 이탈자가 발생해 남은 병력은 겨우 1만여 명이었다. 이 밖에 북접의 김복명(金福明)이 이끄는 동학 농민군 1부대가 목천 세성산에 포진했고, 일본군이 남방 해상에 상륙할 것에 대비해 손화중 부대는 나주, 김개남 부대는 전주에 주둔했다.

이들이 관군과 처음 접전을 벌인 곳은 세성산이었다. 관군이라고는 하지만 이미 일본군에 발목이 잡혀 있어서 일본군과의 싸움이라 할 수 있었다. 죽창을 든 동학 농민군의 숫자는 일본군에 비해 많았다. 그러나 일본군은 신식 총으로 무장하고 있었기 때문에 결과는 뻔했다. 김복명이 일본군의 기습을 받아 잡혀 죽었고, 동학군은 수백 명의 사상자를 내고 패주했다.

일본군과 관군은 공주로 진격해 우금치와 이인역·효포에 진을 쳤다. 논산에서 북상하던 농민군의 주력 부대도 이인역으로 진격하고, 다른 부대는 효포에 다다랐다. 또 한 부대는 공주의 동쪽 30리에 있는 대교에 포진했다. 양군이 공주를 사이에 두고 대치한 것이다.

동학 농민군은 웅치 방면에서 총공세를 펼쳤다. 이후 우금치를 사이에 두고 치열한 공방전이 벌어졌다. 농민군의 운명을 건 일대 격전이었다. 근 일주일 동안 40~50회의 공방전을 치렀지만, 결과는 농민군의 참패였다. 훈련된 일본군의 신식무기에 밀려 동학군은 수많은 사상자를 내고 후퇴했다. 1만여 명의 병력 중 살아남은 자는 겨우 500여 명이었다. 이들은 아래로 밀리고 밀려 전주·태인·금구·원평까지 갔다. 거기서 후일을 기약하고 각자 해산했다.

한편 북상하던 김개남의 부대는 청주에서 일본군과 관군의 공격을 받아 전주로 후퇴했다. 여기서도 공격을 받아 태인으로 패주하던 중 김개남이 체포되었다. 손병희의 북접 부대는 순창까지 몰렸다가 본거지인 충청도로 북상했다. 도중에 일본군과 관군의 공격에 타격을 입고 충주에서 해산했다. 전라도 지역 동학 농민군은 순천에 집결해 여수의 좌수영으로 진격했다가 패해 해산했다. 강원도의 동학 농민군은 일시적으로 영월·평창·정선에서 세력을 떨쳤지만, 지도자 대부분이 잡혀 처형되면서 해산했다. 황해도에서도 수만 명이 봉기해 재령·안악·봉산 등에서 세를 떨치다 진압되었다.

이후 금구·원평 방면으로 후퇴했던 전봉준은 정읍을 거쳐 순창으로 들어가 은신하면서 재기를 다짐했다. 그러나 그는 피로리에서 불의의 습격을 받아 관군에 잡혔다. 일본군에게 넘겨져 서울로 압송된 전봉준은 일본 공사로부터 신문을 받고 이듬해 손화중·김덕명(金德明)·최경선(崔景善) 등과 함께 처형되었다. 이렇게 1년간 지속한 동학 농민 운동은 끝이 났다.

갑오경장

경장(更張)이란, 나라의 법도가 문란해지고 질서가 해이해질 때 국가와 사회를 새롭게 하고자 옛것 중 문제가 되면 버리고 새로 고치는 것을 말한다. 경장해야 할 시기가 와도 이를 제대로 하지 못하면 나라에 큰 병폐가 생기고 급기야는 망하게 된다. 19세기 말 조선의 경우가 그랬다. 이미 전통 사회의 묵은 폐단이 누적되었지만, 별다른 대책 없이 현실에 안주하다 순식간에 국운이 기울었다.

일본은 동학 농민의 봉기를 틈타 청일 전쟁을 일으키는 한편 조선에 대한 내정 개혁을 추진했다. 말이 내정 개혁이지 조선을 통째로 집어삼키려는 의도였다. 이것이 바로 1894년(고종 31)부터 1896년(고종 33)까지 3차에 걸쳐 진행된 갑오경장이다. 갑오경장은 19세기 말 조선 사회에 가장 급격한 변화를 가져왔다. 비록 일본의 강압으로 이루어지긴 했지만, 우리나라 역사상 이처럼 단기간에 여러 방면에서 일사천리로 제도를 개혁한 사례는 찾아보기 어렵다.

갑오경장을 추진한 이유는 두 가지다. 하나는 조선의 개화파 인사들과 동학 농민층에 개혁이 필요했기 때문이다. 개화파나 농민층이나 이대로는 살아갈 수 없으니 오래전부터 내려오는 폐단을 고쳐 살길을 찾자는 것이었다. 다른 하나는 조선 침략을 위해 조선 내정을 일본이 운영하기 편리하게 고치려는 것이었다.

제1차 개혁은 1894년(고종 31) 7월부터 12월까지 진행되었다. 제1차 개혁에서는 군국기무처(軍國機務處)라는 기관을 통해 정치·경제·사회 등 각 방면에 걸쳐 208건의 개혁안을 의결했다. 먼저 정치·외교 면에서는 청나라와 종속 관계를 청산하고 독자적인 연호를 사용하도록 했다. 정부 조직에서는 왕실 사무와 국정을 각기 궁내부(宮內府)와 의정부에서 담당하게 했다. 이에 따라 의정부는 총리대신을 수반으로 하는 8아문(八衙門: 내무·외무·탁지·군무·법무·학무·공무·농상무)을 두어 권력을 안배했다. 1881년(고종 18) 이래 난립해온 각종 기구를 8아문 예하의 국으로 편제했다. 아울러 사헌부·사간원·홍문관 등 조선조 500년간의 대간 제도를 폐지하고, 내무아문 예하에 경무청(警務廳)을 신설해 강력한 경찰 기구를 갖췄다.

관료 제도는 조선조 18품계의 관등을 12등급으로 조정해

칙임관(勅任官: 정·종 1, 2품), 주임관(奏任官: 정·종 3~6품), 판임관(判任官: 정·종 7~9품)으로 구분했다. 이어 「선거조례」「전고국조례」 등을 통해 조선조 500년간 행해진 과거 제도를 폐지하고 새로운 관리 등용법을 실시했다. 이로써 문무 반상의 차별을 없앴다. 주임관과 판임관의 임용권은 의정부의 총리대신과 각 아문 대신에게 부여했다.

사회 제도는 문벌과 반상 제도 혁파, 공·사노비법과 문무 차별 폐지, 역인(驛人)·창우(倡優)·피공(皮工) 등 천인 면천, 연좌법 폐지, 양자 제도 개선, 조혼 금지, 과부 재가 허용 등이 있었다.

재정 제도는 모든 재정 사무와 왕실의 재정까지도 탁자부가 관장했다. 화폐 제도도 「신식화폐발행장정」을 채택해, 은본위제에서 동화(銅貨)를 보조 화폐로 사용하게 했으며, 도량형 개정과 통일 등이 이루어졌다.

1894년(고종 31) 12월부터 1895년(고종 32) 8월까지 진행된 제2차 개혁에서는 종전 군국기무처의 안을 수정·보완했다. 정치 제도 면에서는 의정부와 각 아문의 명칭이 내각(內閣)과 부(部)로 바뀌면서 농상아문과 공무아문이 농상공부로 통합되어 8아문이 7부로 개편되었다. 내각과 분리된 궁내부의 관제는 대폭 간소화되었다. 종정부·종백부는 폐지되었다. 이 시기에 가장 주목되는 것은 지방 제도의 개혁이다. 지방 제도 개혁은 내부대신 박영효의 지휘로 과감하게 추진되어 오늘날의 지방 행정 제도의 연원을 이루었다.

종래의 도·부·목·군·현 등 대소의 행정 구역도 통폐합되어 전국을 23부 337군으로 편제했다. 내부대신이 지휘·감독해 각 부에는 관찰사 11명, 참사관·경무관 각 1명, 군에는 군수 1명을 파견해 행정을 일원화했다. 세무 행정과 관제가 정비되었고, 군사와 경찰 제도도 개혁되었다. 이 밖에 재판과 법관 양성에 관한 법과 규정이 공포되었고, 교육 입국 조칙에 따라 한성사범학교 관제와 외국어학교 관제가 제정·실시되었다.

1895년(고종 32) 8월부터 1896년(고종 33) 2월까지 진행된 제3차 개혁은 제3차 김홍집 내각이 성립된 때로부터 다음해 아관파천 직전까지 단행되었다.

이때의 개혁으로 태양력 채용, 종두법 실시, 우체사 설치, 소학교 설치, 단발령 하달, 건양(建陽) 연호 사용, 군제 개혁 등이 이루어졌다. 그러나 이 시기의 개혁은 무엇보다 을미사변과 같은 공포 분위기에서 진행되어 갑오경장 기간 중 국민으로부터 가장 격렬한 반발을 불러일으켰다.

을미사변

1895년(고종 32) 주한 일본 공사 미우라 고로(三浦梧樓)의 지시로 서울에 주둔한 일본군 수비대를 중심으로 일본 공사 관원, 영사 경찰, 신문 기자, 낭인 등이 경복궁을 침입해 명성황후를 살해하고 시신을 불태워버린 사건이 발생했다. 이를 을미사변 혹은 '명성황후 시해 사건'이라고 부른다.

이 사건은 근대 일본 제국주의의 조선 침략을 상징적으로 보여주는 사건으로 세계 역사상 유례가 없는 만행이었다. 이는 19세기 말 항일 의병이 봉기하는 원인이었고, 이듬해 초에 고종이 러시아 공사관으로 피신하는 사태로까지 확대되었다.

그런데 아직도 이 사건의 배후에 대해서는 잘 밝혀지지 않다. 처음부터 은밀히 진행한 사건인데다 사건 직후 일본 측에서 철저하게 자료를 없애고 왜곡한 까닭이다. 미우라 고로는 대원군이 이 사건을 주모했으며 조선군 훈련대가 왕후 시해를 자행한 것이라고 위증했다. 또한 공정한 재판을 통해 불명예를 씻겠다던 일본 정부는 증거 불충분이라는 이유를 들어 범죄에 관련된 일본 군민을 모두 무죄 방면했다.

일본은 메이지 유신 이래 조선 지배를 대외 침략 정책의 제1 목표로 삼고 있었다. 그러한 목표는 서세동점의 위기를 타개하고 자국의 활로를 모색한다는 취지로 설정된 것이었다. 그러나 이러한 목표를 실행하는 데 청나라와 러시아는 결정적인 걸림돌이었다. 당시 청나라는 자국의 수도인 북경의 안전을 위해 조선이 다른 나라에 지배되어서는 안 된다는 입장이었다. 러시아는 시베리아 철도 건설을 통해 동아시아에 진출하는 길을 모색하던 상황에서 만주의 안정과 한반도의 영토 보존이 필요하다는 입장이었다. 따라서 청나라와 러시아 모두 조선에서 일본 세력이 커지는 것을 견제했다.

결국 일본이 조선을 차지하려면 청나라는 물론 러시아와도 일전을 치러야 할 상황이었다. 이를 위해 일본은 군비 확충에 박차를 가하고, 조선과 만주에 밀정을 파견해 정보를 수집했다. 이렇듯 일본은 조선을 침략하기 위해 치밀하게 준비했고, 1890년대 초중반에는 청나라와 전쟁을 치르기 위한 준비를 완료했다.

이 시점에 조선에서 발생한 동학 농민 봉기는 일본이 고대하던 전쟁 도발의 적기였다. 동학 농민 운동이 일어나자 조선은 청나라에 원군을 요청했고, 일본은 곧바로 일본 공사관과 거류민을 보호한다는 명목으로 군대를 보냈다. 그리하여 1894년(고종 31) 7월 25일, 풍도 앞바다에서 청나라 군대와 일본군이 전쟁을 벌였다. 이것이 바로 청일 전쟁이다.

청일 전쟁에서 승리한 일본은 하관 조약을 통해 "청나라는 조선의 자주독립을 확인한다"는 내용과 요동 반도 할양 등을 명시했다. 만주 침략의 교두보를 확보하는 동시에 일본이 조선을 지배한다는 사실을 확인한 것이다. 나아가 일본은 모든 전쟁 비용을 웃도는 2억 냥의 배상금을 부과해 청나라 재정을 파탄시키고, 이 비용을 바탕으로 러일 전쟁 준비에 박차를 가했다.

일본의 이런 행동에 제동을 건 몇몇 나라가 있었다. 가장 민감하게 대응한 것은 러시아였다. 청일 전쟁 초기에 관망의 자세로 일관했던 러시아는 전장이 만주로 확대되자 대응책 마련에 애썼다. 일본군을 만주 지역에서 축출하려던 러시아는 프랑스와 독일을 끌어들여 1895년(고종 32)에 삼국 간섭을 단행했다.

같은 시기 조선에서는 반일 움직임이 일어났다. 이른바 명성황후가 주도한 '인아거일책(引俄拒日策)'이었다. 즉 러시아 세력을 끌어들여 일본을 견제하고자 한 것이다. 청일 전쟁으로 전력을 소모한 일본은 러시아를 직접 상대할 준비가 덜 된 상태였다. 이에 우선 조선과 러시아의 연결 고리를 끊어놓는 것이 급선무였다. 그 연결 고리가 바로 명성황후였다. 결국 일본은 외교에 문외한인 군인 출신의 미우라 고로를 떠밀다시피 해 주한 공사로 파견하고 명성황후 시해 작전을 실행에 옮겼다.

10월 8일 새벽, 일본인 무리가 대원군과 그의 아들 이재면(李載冕)을 납치하고 경복궁으로 향했다. 한편 일본인 교관은 야간 훈련을 명목으로 조선군 훈련대를 경복궁까지 유인했다. 만일의 경우 사후 책임 전가를 위해 명성황후와 적대적인 대원군과 조선군 훈련대를 이용하기로 한 것이다.

공격이 개시된 시간은 새벽 5시에서 6시 사이였다. 일본인들은 일본군의 엄호를 받으며 경복궁에 난입했다. 이때 대응하던 궁궐 시위대 병사 8~10명과 훈련대 연대장 홍계훈이 희생되었다. 비상 소집된 조선군 시위대 병사들이 저항했으나 곧 무너졌다. 이후 왕후의 거처에 침입한 자들은 저항하는 궁내부 대신을 내리치고 왕후와 궁녀들을 살해했다. 임무를 마친 자들은 왕후의 침실을 약탈하고 유유히 빠져나갔다.

한편 일본 공사관에서 사태의 결과를 기다리던 미우라 고로는 고종의 부름에 응하는 형식으로 입궐해 사태의 은폐 공작에 들어갔다. 먼저 고종을 압박해 당일로 신내각을 구성하고 명성황후가 궁궐을 탈출한 것처럼 꾸몄다. 고종이 서명하지 않은 폐서인 조칙도 내리게 했다. 이어 사건을 훈련대와 순검의 충돌에 의한 것으로 날조했다.

다음 날 이 사건의 범죄자인 훈련대를 엄벌할 것과 일본인이 가담했다는 소문의 사실 여부 규명을 요청하는 위장된「공문」까지 만들었다.

그러나 사건의 진상은 서양 외교관들에게 폭로되었다. 현장의 만행을 목격한 사람들의 증언이 이들에게 전해진 것이다. 직·간접적으로 현장 상황을 접한 외교관들은 일본군·영사 경찰·공사 관원·낭인배 등이 조선 왕후를 시해했고 이를 미우라 고로가 사주했다며, 각국의 특파원을 통해 외부에 알렸다.

당초 일본 정부는 외교와 언론 등을 통해 일본 군민은 이 사건과 관련이 없고, 대원군과 조선 왕후의 정권 다툼에서 비롯된 일이라고 선전했다. 그러나 열국 여론의 비난에 처한 일본 정부는 마침내 미우라 고로가 이 사건에 연루되었음을 시인하면서 사건의 철저한 조사를 천명했다.

그런데 이때 친미·친러파 인사들이 고종을 미국 공사로 피신시키고자 가담한 사건이 발생했다. 일본 측은 이를 빌미로 조선 내정에 간섭하기는 일본이나 여타 열강이나 마찬가지라는 논조를 펼치면서 국면 전환을 시도했다. 그리고 이어서 증거 불충분을 이유로 수감된 범죄자들을 모두 석방했다.

단발령 실시

1895년(고종 32) 12월 30일, 단발령이 내려졌다. 을미사변이 발생한 지 석 달이 채 안 된 시점에서 아무런 예고 없이 일거에 단행한 것이었다. 단발령을 내린 것은 김홍집 내각이었다. 김홍집 내각은 위생에 이롭고 편리하다며 단발의 명분을 내세웠다. 그러나 조선 관민의 반응은 냉랭했다.

서울에서는 부모가 물려준 신체와 머리칼을 훼손하는 것

은 불효막심한 행위라며 낙향하는 관리가 속출했다. 또한 대표적인 위정척사파인 최익현이 "내 목은 자를 수 있으나, 내 머리칼은 자를 수 없다"고 항변한 것을 필두로 전국 각지에서 유생과 지방민이 봉기했다. 단발령이 일으킨 반향은 이토록 컸다.

그러나 이는 일본이 종용한 것이다. 조선 내각이 단발령을 내리도록 종용한 일본의 의도는 무엇이었을까? 우선 개혁이라는 핑계로 단발을 단행해 백성이 반정부 투쟁을 하도록 유발하려는 정치 전략이 있었다. 또한 조선 조정을 위기로 몰아 일본군 증파의 구실을 마련한다는 군사 전략, 일본 상인의 조선 진출을 독려하고 일본 상품의 판로를 확장하려는 상업 전략, 그리고 조선의 유교 관념과 자존심을 일거에 제거해 굴욕감과 패배감을 조장한다는 문화 전략이 내포되어 있었다.

단발령은 명성황후 시해 사건으로 격앙된 조선인의 감정을 들끓게 했다. 서울에서는 가위를 든 순검이 거리를 휘젓고 다니며 행인의 상투를 잘라댔고, 등짐을 진 지방민은 행여 상투가 잘릴까 두려워 서울로 가지 않았다. 서울의 상가는 문을 닫고 말없이 항의 표시를 했다.

지방도 사정은 마찬가지였다. 전국 각지에서 일본 군인과 상인이 피살되는가 하면, 중앙에서 파견된 지방 관리가 왜의 앞잡이로 몰려 처단되는 사태도 속출했다. 이에 중앙군이 파견되어 유혈 충돌이 빚어지기도 했다. 이처럼 조선의 상황은 일본의 예상대로 파국으로 치닫고 있었다.

일본은 이러한 사태를 빌미로 일본군을 파견했다. 또한 단발로 인해 양복·모자·시계·셔츠·구두·양말 등의 수요가 증가하면서 이런 상품을 취급하는 일본 상인들은 연일 호황을 누렸다.

아관파천

을미사변으로 전국에 걸쳐 의병이 일어났다. 이에 김홍집 내각은 지방의 진위대를 동원해 의병을 진압하려고 했다. 그러나 진위대 전력만으로는 진압이 어려웠다. 그러자 중앙의 친위대 병력까지 동원했고, 이로 인해 수도 경비에 공백이 생겼다.

이범진(李範晉)·이완용(李完用) 등의 대신들은 이 틈을 이용해 신변에 불안을 느끼던 고종을 좀 더 안전한 러시아 공사관으로 옮기려고 했다. 이는 고종 자신도 원하는 바였다. 이들은 러시아 공사 베베르(Karl Ivanovich Veber)와 협의해 인천에 주둔하던 러시아 수병 150명과 포 1문을 서울로 이동시켰다. 그리고 1896년(고종 33) 2월 11일 새벽에 국왕과 왕세자를 극비리에 정동에 있는 러시아 공사관으로 옮겼다. 이 사건을 '아관파천'이라 한다.

러시아 공사관에 도착한 고종은 친일파 대신 김홍집·유길준(兪吉濬)·정병하(鄭秉夏)·조희연(趙義淵)·장박(張博) 등 5명을 즉시 역적으로 규정하고, 이들에 대한 체포령을 내렸다. 김홍집과 정병하는 순검들과 흥분한 군중에게 붙잡혀 길에서 살해당했다. 이후 나머지 대신도 살해되거나 유배되었다. 화를 모면한 유길준 등은 일본으로 망명했다.

이로써 친일 내각은 몰락하고 박정양(朴定陽)·이완용 등 러시아 또는 미국과 가까운 인사들로 새 내각이 구성되었다. 새 내각은 의병을 일으킨 책임을 묻지 않고 죄수를 석방하는 등 민심 수습에 힘썼다. 또한 친일 정권에서 일본식으로 개혁했던 내각 제도를 다시 의정부제로 환원시켰다. 일본 측은 독립 국가의 체면을 내세워 국왕의 조속한 환궁을 요청했으나 고종은 거절했다.

고종이 러시아 공사관에 머무르는 1년간 조선 정부의 인사와 정책은 러시아 공사와 친러 대신들이 좌우했다. 정부 각부에 러시아인 고문과 사관이 초빙되고, 중앙군제도 러시아식으로 개편되었다. 러시아 황제 대관식 때 열린 로바노프(Aleksei Borisovich Lobanov-Rostovskii)와 민영환(閔泳煥)의 비밀 회담에서 러시아는 원조를 약속하는 조건으로 조선에 이권을 요구했다.

이 밖에도 러시아는 알렉세예프(Evgeni Ivanovich Alekseev)를

조선 정부의 탁지부 고문으로 해 조선 재정을 마음대로 주물렀다. 이 때문에 압록강 연안과 울릉도의 삼림 벌채권을 비롯해 경원·종성의 광산 채굴권, 경원—시베리아 전선 연결 공사권, 인천 월미도 석탄 저장고 설치권 등 경제 이권이 러시아로 넘어갔다.

이를 본 다른 나라들도 경제 이권에 대한 동등한 권리를 요구했다. 그 결과 경인선과 경의선 철도 부설권 등 주요 이권이 값싼 조건으로 외국에 넘어갔다. 일본은 다른 나라로부터 이권을 사들이는 방법을 취했다.

조선의 국가 재정은 더욱 어려워졌다. 고종의 러시아 공사관 체류 기간이 길어지면서 국가의 이권이 외국으로 넘어가자, 국내·외적으로 고종의 환궁을 요구하는 여론이 높아졌다. 이에 고종은 경복궁이 아닌 경운궁(慶運宮: 덕수궁)으로 환궁할 것을 약속했다. 당시 경운궁이 수리 중이었기 때문에 이를 핑계로 환궁 시기를 늦추려는 의도였다. 또한 부근에는 서양 공사관이 있어 이들의 보호를 받기 쉽다는 계산도 있었다.

그럼에도 전국의 유생이 환궁을 상소하고, 장안의 시전이 철시를 단행할 조짐을 보이는 등 여론이 더욱 거세졌다. 결국 고종은 환궁을 결심하고 1년 만에 경운궁으로 돌아왔다.

대한제국의 탄생

고종이 러시아 공사관에서 환궁한 직후 고종의 황제 즉위를 요청하는 「상소」가 각계에서 쇄도했다. 그리하여 고종은 1897년(고종 34) 8월, 전년도에 일본의 위압으로 정해졌던 '건양'이라는 연호를 '광무(光武)'로 바꿨다. 그리고 10월 초, 마침내 서울 회현방(소공동) 원구단(圓丘壇)에서 황제 즉위식을 거행했다. 곧이어 고종은 나라 이름을 '대한제국'으로 고치고 이를 선포했다. 이로써 505년간 지속한 조선왕조는 끝이 나고 대한제국이 탄생했다.

대한제국 선포의 핵심은 군주의 '존호'와 '나라 이름'이었다. 황제의 존호를 쓴다는 것은 청나라의 영향권에서 벗어나 자주권을 행사한다는 의미였다. 그런데 자주독립에 대한 이야기가 일본 측에서 제기되자 고종은 이를 거부해왔다. 일본의 강요로 황제에 즉위하지는 않겠다는 것이 고종의 입장이었다. 그러나 황제 즉위가 시대를 거스를 수 없는 요구라는 조정 안팎의 공론을 무시할 수 없었다. 결국 아홉 번의 사양 끝에 고종은 황제 즉위를 재가했다.

'대한'이라는 국호는 마한(馬韓)·진한(辰韓)·변한(弁韓)의 삼한을 아우르는 것이며 큰 한(韓)이라는 의미였다.

고종이 대한제국을 선포하자 러시아와 프랑스는 이를 공식적으로 승인하고 축하의 뜻을 전했으며, 일본·영국·미국 등도 직·간접적으로 승인했다. 그러나 각국 외교관들은 대한제국 선포에 큰 의미를 두지는 않았다.

오랫동안 조선을 제후국으로 생각했던 청나라는 대한제국 선포를 매우 자존심 상하는 일로 여겼다. 그래도 결국 1899년(고종 36)에 양국 황제의 이름으로 한청 통상 조약이 체결되면서 두 나라는 대등한 위치에서 근대적인 외교 관계를 수립하게 되었다.

대한제국 선포는 어디까지나 상징적인 조치로 현실적인 힘의 한계를 극복하기 어려웠다. 이미 내정은 청일 전쟁 이전부터 주변 세력의 각축장이 되어 군사·재정·외교 모두 파행을 겪고 있었다. 그러다가 러일 전쟁을 거쳐 결국 일본에 주권을 강탈당하고 말았다.

대한제국은 1910년(순종 3) 일본에 병합될 때까지 약 13년간 주권을 행사했다. 고구려·백제·신라 삼국에 이어 고려·조선이 모두 500년 넘게 장수한 것에 비해 대한제국은 단명한 국가였다. 그러나 대한제국은 19세기 말에서 20세기 초까지 범세계적인 대격변기에 자주독립을 열망하는 자국민의 간절한 소망을 달성한 정식 국가였음은 분명한 사실이다.

대한제국 선포 후 고종은 광무개혁(光武改革)을 실시했다. 이는 외세에 의존했던 갑오개혁이나 을미개혁과는 성격이 달랐다. 광무개혁은 1896년(고종 33) 아관파천 직후부터 1904년(고종 41) 러일 전쟁이 일어나기 직전까지 대체로 고종 측근들의 주도로 이루어졌다. 앞선 두 개혁이 왕의 지위를 제한하려 했다면, 광무개혁은 오히려 황제권을 강화하는 데 중점을 두었다.

군제를 근대적으로 개편한 것도 이러한 맥락이었다. 서울 방어와 국왕 호위를 담당하는 친위대·시위대·호위대를 개편·창설한 것은 이 후속 조치라 할 수 있다. 이를 위해 왕실 재정도 늘어났다.

광무개혁은 구본신참(舊本新參), 즉 구식을 근본으로 삼고 신식을 참고하는 정책을 추구했다. 그러면서 향사(享祀: 제사) 제도를 구식으로 복구하고 단발령을 취소했다. 내각도 의정부로 환원했다. 그러나 갑오개혁 이전으로 완전히 복구되지는 않았고, 단발령도 다시 실시되었다. 도제(道制)도 갑오개혁 이전의 8도와 이후의 23부를 절충한 1부 13도 체제로 바뀌었다. 관리 구성도 23부 당시와 비슷했고, 복구된 의정부 제도에도 내각 제도의 취지를 포함하고 있었다.

또한 최초의 헌법인 대한국제(大韓國制)를 반포하고, 훈장(勳章) 제도를 창설했다. 국가(國歌)와 각종 기(旗) 등도 제정·발포했다. 여러 나라와 새로운 통상 조약을 맺었고, 북간도 관리를 설치해 북간도의 이주민을 보호하고 도문강(圖們江: 두만강) 이남 지역을 영토로 편입시키려 했다.

그러나 광무개혁은 독립협회의 시정 개선 건의를 제대로 수렴하지 못해 국민과 공감대를 형성할 수 없었다. 부정부패도 여전했으며, 철도 부설권 등을 외국인에게 내주고 외국 기술과 자본에 의지했다는 점 등도 문제였다. 가장 큰 문제는 자금 없이 개혁을 추진하려 했다는 점이다. 비용이 부족해 백동화(白銅貨)를 발행하자 경제 기반이 흔들렸다.

광무개혁은 러일 전쟁 이후 일본의 내정 간섭이 심해지면서 중단되었다.

독립협회의 활동

아관파천으로 조선의 이권이 러시아를 비롯한 열강으로 넘어가자 이에 대한 경각심이 높아졌다. 갑신정변 실패 후 미국으로 망명해 민주주의와 근대 문명을 익힌 서재필은 귀국해 「독립신문」「독립협회회보」 등을 발간하며 언론과 출판 활동으로 여론을 주도했다. 그리고 1896년(고종 33) 7월, 한국 역사상 최초의 근대 사회단체인 독립협회를 설립했다. 여기에는 외세의 침략에 위협을 느낀 개화 지식층이 중심 역할을 했으며, 협회 발족 당시에는 이완용 등 정부 요인도 다수 참가했다.

독립협회는 조선 시대 중국 사신을 맞이했던 모화관(慕華

館) 자리에 독립관을 세우고 독립 공원을 조성했다. 또한 모화관 앞의 영은문(迎恩門)을 허물고 독립문을 세웠다. 독립협회의 설립 사업으로 진행된 이 사업에 당시 거의 모든 관료와 영향력 있는 인사들이 참여해 독립문 건립 보조금을 냈다. 이렇듯 설립 초창기에는 왕실과 고위 관료 조직의 지원으로 짧은 기간에 거대한 사회단체로 성장할 수 있었다. 그러나 일반 회원은 참여도가 낮아 독립협회가 고위 관료들의 사교 모임이라는 비난도 받았다.

독립협회는 설립 이듬해인 1897년(고종 34)부터 서재필·윤치호 등을 주축으로 정기 토론회와 강연회를 개최했다. 이때부터 독립협회는 여론을 주도하기 시작했다. 그리고 그해 말에는 「독립신문」을 통해 러시아인 재정 고문 고용을 비판했다. 이 때문에 보수파 관료가 대거 이탈했고, 독립협회는 개혁파 관료와 재야 지식층이 주도하는 사회단체로 거듭나게 되었다. 회장은 윤치호였고, 이상재(李商在)·남궁억(南宮憶)·이승만(李承晩) 등이 적극적으로 참여했다. 미국 국적인 서재필은 본 회원이 될 수 없어 뒤에서 이들을 지도하고 후원했다.

이 시기 독립협회는 4,000여 명의 회원을 보유한 강력한 압력 단체로 성장했다. 외국인 고문과 교관 초빙을 반대하고, 자원 개발권과 철도 부설권을 외국인에게 넘겨주는 것도 반대했다. 고종에게는 열강에 이권을 넘기지 말라고 압박했다. 이러한 활동으로 러시아 군사 고문관이 본국으로 돌아갔고, 한로은행(韓露銀行)도 폐쇄되었다.

독립협회는 1897년(고종 34) 10월에 만민공동회를 개최했다. 이는 당시 정치·외교·사회 등 제반 문제를 개혁하기 위한 대책을 마련하려는 모임이었다. 이듬해 10월에는 6일간 종로에서 관민공동회를 열었다. 이 집회에는 서울 시민과 독립협회·국민협회·일진회를 비롯해 정부 대표로 의정부 참정 박정양 등이 참석했다. 이 자리에서는 다음과 같은 '헌의 6조'를 결의했다.

1. 외국인에게 의지하지 말고, 관민이 합심해 황실의 번영과 황제의 권한을 튼튼히 할 것.
2. 대한제국의 이권에 대한 외국과의 계약이나 조약은 대신이 혼자 처리하지 말 것.
3. 국가 재정의 수입과 지출을 공정하게 하고, 예산을 국민에게 알릴 것.
4. 중대한 범죄는 공판하고, 언론 집회의 자유를 보장할 것.
5. 칙임관을 임명할 때는 정부에 그 뜻을 물어서 정할 것.
6. 다른 항목의 규칙을 실시할 것.

고종은 '헌의 6조'를 수정 없이 재가하고 이를 실천할 것을 약속했으나, 약속한 지 며칠이 지나도 실행할 기미가 보이지 않았다. 그러자 협회 내에서 "약속을 지키지 않는 정부는 탄핵해야 한다"는 주장이 나왔다. 불안해진 정부 수뇌들은 "독립협회가 황제를 폐하고 공화제를 실시하려 한다"는 보고를 올렸다. 이에 고종은 이상재를 비롯한 독립협회 간부 17명을 체포하고 '헌의 6조'를 폐지했으며, 서재필을 미국으로 추방했다.

독립협회는 회원을 총동원해 간부들의 석방을 요구했다. 그러나 정부는 보부상 수천 명을 끌어들여 어용 단체인 황국협회를 조직하고 독립협회 회원들에게 테러를 가했다. 두 단체의 충돌로 유혈 사태가 벌어지자 정부는 협회 해산을 칙령으로 명했다.

이후 독립협회는 만민공동회라는 이름으로 남아 있다가 1898년 말에 없어졌다. 독립협회가 내세운 이념은 이후 '대한자강회'와 '대한협회'를 통해 명맥을 유지했다.

러일 전쟁

러시아는 삼국 간섭으로 일본의 요동 반도 진출을 방해했을 뿐 아니라 1898년(고종 35) 청나라로부터 여순과 대련을 25년간 조차(租借: 영토 일부를 일정한 기간 통치하는 일)했다.

1900년(고종 37), 청나라에서 의화단 사건이 일어나자 러시아는 철도 보호를 구실로 만주를 점령했다. 그러고는 의화단 사건이 진압된 뒤에도 철수하지 않았다.

한편, 조선에 대한 러시아의 영향력이 커지자 일본도 러시아를 더욱 경계했다. 그러나 러시아와 대결에서 이길 자신이 없던 일본은 당시 일본 정국을 주도하던 이토 히로부미(伊藤博文)를 중심으로 러시아와 협상하는 쪽을 택했다. 이토 히로부미는 러시아가 만주에서 차지한 권리를 인정하는 대신 일본이 한반도에서 확보한 권한을 인정받는 협상을 제안했다. 이에 러시아는 만주에 대한 독점권, 한반도의 북위 39도 이북에 대한 중립 지역 설정, 한반도의 군사적 이용 불가를 요구했다.

협상이 진행되던 도중인 1902년(고종 39), 일본은 러시아를 견제하던 영국과 제1차 영일 동맹을 맺었다. 여기에는 "러시아가 일본과 전쟁을 벌이는 동안 러시아와 동맹을 맺는 나라가 있으면 영국이 일본 편을 들어 참전할 수 있다"는 내용이 들어 있었다.

영국과 동맹을 맺어 자신감을 얻은 일본은 영국·미국 등과 함께 러시아군이 만주에서 철수하도록 압력을 넣었다. 이에 러시아는 철수를 약속했지만, 제1차 철수 약속만 지켰을 뿐 더 이상 약속을 지키지 않았다. 협상에 진전이 없자 일본은 러시아와 전쟁을 하는 방향으로 선회했다.

일본은 선전포고에 앞서 여순항에 주둔한 러시아 극동 함대와 제물포항에 주둔한 러시아 전함 두 척을 공격했다. 이 전투에서 러시아 전함 몇 척을 격침해 승기를 잡자 일본은 마침내 러시아에 선전포고했다. 이때가 1904년(고종 41) 2월 10일이었다.

일본군 5만 명이 인천항에 상륙했고, 이후 전쟁은 청나라로 번졌다. 기습을 당해 지상전에서 밀린 러시아는 여러 거점을 잃고 여순항까지 몰렸다. 러시아 함대는 항구가 봉쇄되어 갇혀 있다가 일본 지상군의 포격에 전멸당했다. 여순 요새에 있던 러시아 지상군도 일본군의 포위를 뚫지 못했고, 1905년(고종 42) 1월 2일 요새는 함락되었다.

대한제국은 러일 전쟁이 터지기 전인 1904년(고종 41) 1월 23일에 대외적으로 중립을 선포했으나, 일본이 서울을 점령하자 중립 선언은 무용지물이었다. 2월 12일에는 러시아 공사가 철수하면서 대한제국과 러시아의 국교도 단절되었다. 2월 23일에 「한일 의정서」가 체결되자, 이제 일본은 대한제국을 정치적으로 통제하고 영토도 마음대로 이용할 수 있게 되었다.

전쟁이 길어지자 일본은 전쟁을 지속할 여력이 없어 종전을 서두르려 했다. 자국에서 혁명이 일어난 러시아도 상황은 마찬가지였다. 강화가 불가피한 형국이었다. 이에 일본은 결정적인 승기를 잡은 뒤 미국에 중재를 의뢰하기로 했다. 일본은 대한 해협에서 발트 함대를 격파하면서 러일 전쟁을 승리로 이끌었고, 이를 계기로 미국이 중재에 나서면서 종전 협상이 진행되었다. 협상 과정에 우여곡절이 있었지만, 결국 그해 9월에 포츠머스 강화 조약이 체결되었다. 이 조약을 통해 일본은 러시아에 사할린 남부를 넘겨받았다. 또한 한반도는 물론, 남만주까지 지배할 수 있었다.

이후 일본은 대한제국에 을사늑약을 강요했다.

의병 봉기

을미사변에 이어 단발령이 실시되자 항일 의병 봉기가 본격적으로 일어났다. 의병은 주로 유생의 본고장인 중남부 지역에서 시작해 점차 이북 지역으로 퍼졌다. 대표적인 중남부 지역의 의병장은 춘천의 이소응(李昭應), 강릉의 민용호(閔龍鎬), 제천의 유인석(柳麟錫)·이춘영(李春永)·안승우(安承禹), 홍주의 김복한(金福漢)·이설(李偰), 남한산성과 안성의 김하락(金河洛), 문경의 이강년(李康秊), 안동의 권세연(權世淵)·김도화(金道和), 영양의 김도현(金道鉉), 진주의 노응규(盧應奎), 김산의 이은찬(李殷瓚)·허위(許蔿), 장성의 기우만(奇宇萬) 등이 있었다.

이 가운데 유인석 휘하의 충청도 의병들은 충주를 점령해 남부와 중부를 연결하면서 전국을 지휘하는 세력으로 성장했다. 이 중 일부는 고종과 은밀하게 연계하고 있었다.

사실 의병은 일반적으로 정부의 명령을 기다리지 않고 스스로 봉기하는 집단이다. 그러나 일본이 국모를 시해한데다 조정은 풍전등화의 위기였기 때문에 정부와 의병의 입장은 같았다. 고종은 러시아 공사관으로 피신해 위기를 벗어나려 했고 이를 위해 러시아의 지원이 필요했다. 또 다른 한편으로는 지방 유생과 보부상 등의 지원도 필요했다. 즉 의병이 봉기해 일본군과 일본 교관이 감독하던 정부군을 서울 외곽으로 유인하고 이를 틈타 아관파천을 실현하고자 한 것이다. 실제로 이소응은 조정과 긴밀한 관계였으며, 고종이 아관파천에 성공하자 의병들은 곧 해산했다.

1904년(고종 41) 러일 전쟁에서 승리한 일본은 포츠머스 강화 조약을 체결하고 한국에 대한 지배권을 강화하고자 했다. 그 결과 일본의 강압으로 을사늑약이 체결되었다. 그러자 조약에 반대하는 의병이 또다시 봉기했다. 이때의 의병 운동은 존왕양이(尊王攘夷) 운동에서 한 걸음 더 나아가 국권 회복 운동으로 확산되었다.

을사늑약 소식이 전해지자 서울에서는 민영환·조병세(趙秉世)·홍만식(洪萬植)·송병선(宋秉璿)·이상철(李相哲)·김봉학(金

奉學) 등이 울분을 참지 못해 자결했다.

전국에서 항일 항쟁을 펼친 주요 의병장으로는 원주의 원용팔(元容八), 죽산·안성의 박석여(朴昔如), 양근·여주의 이범주(李范疇), 경상도의 이유인(李裕寅)·이하현(李夏玄)·정환직(鄭換直)·정용기(鄭傭其)·최성집(崔聖執)·신돌석(申乭錫)·김현규(金顯奎), 전라도의 기우만(奇宇萬)·백낙구(白樂九)·양한규(梁漢奎)·고광순(高光洵)·김동신(金東臣), 충청도의 노병대(盧炳大) 등이 있었다.

홍주 민종식(閔宗植)의 의병 부대는 을사늑약으로 봉기한 의병 중에서 가장 규모가 컸다. 태인에서 봉기한 최익현은 순창에서 체포되어 대마도에 유배된 뒤 단식 끝에 순국했다. 영해의 신돌석은 평민 출신 의병장이었다.

이들 의병은 일본군의 잔인한 진압 작전으로 해산되었으며, 일부는 만주에서 독립군으로 활동하며 항일 투쟁을 계속해나갔다.

을사늑약

1904년(고종 41) 2월 23일, 일본은 「한일 의정서」를 강제로 체결하고 대한제국을 일본의 식민지로 만들기 위한 조치를 취했다. 같은 해 8월 22에는 재정과 외교 부문에 일본이 추천하는 고문을 둔다는 내용의 제1차 한일 협약을 체결했다. 이때 외교 고문으로 임명된 인물은 친일 미국인 스티븐스(Durham White Stevens)였다.

그사이 러일 전쟁이 일본에 유리하게 전개되어 아시아에 대한 영향력이 커지자, 일본은 국제 관계를 주시하며 한국을 보호국으로 삼으려는 의도를 명백히 밝혔다. 그러자면 한국과 외교 관계를 맺은 열강이 이를 묵인해야 했다.

일본은 열강의 승인을 받는 데 총력을 기울였다. 먼저 1905년(고종 42) 7월 27일, 미국과 가쓰라 태프트 밀약을 체결했으며, 8월 12일에는 영국과 제2차 영일 동맹을 체결했다. 이어서 러일 전쟁을 승리로 이끈 뒤 9월 5일 미국의 포츠머스에서 러시아와 강화 조약을 맺었다. 이로써 일본은 어떤 식으로든 대한제국 정부의 동의만 얻으면 대한제국의 주권을 침탈할 수 있다는 보장을 받게 된 셈이었다.

1905(고종 42)년 11월 17일, 러일 전쟁에서 승리한 일본은 을사늑약을 강요했다. 을사늑약은 모두 5개 조항으로 되어 있었다. 주요 내용은 대한제국의 외교권을 박탈하고 통감부와 이사청(理事廳)을 두어 내정을 장악하는 것이었다. 을사늑약 체결로 대한제국은 사실상 일본의 식민지가 되었으며, 통감부는 병력 동원권과 시정 감독권 등을 보유한 최고 권력 기관이 되었다.

한편 고종은 1907년(고종 44) 4월 20일에 만국 평화 회의가 열릴 예정인 네덜란드 헤이그로 3명의 특사를 파견했다. 이미 을사늑약이 체결되기 이전부터 고종은 일본의 압제에 대항해 비밀 외교를 추진한 바 있었다. 1904년(고종 41) 11월에 이승만을 미국에 파견했으며, 이듬해 2월 상해에 특사를 파견해 러시아 공사 파블로프(Aleksandr Ivanovich Pavlow)를 통해 러시아 황제에게 밀서를 전달했다. 헤이그 특사 파견도 그동안 고종이 추진해온 비밀 외교 중 하나였다.

헤이그 만국 평화 회의는 각국의 군비 확장을 제한하고 전쟁을 방지하는 것이 목적이었다. 1899년(고종 26) 4월에 열린 제1차 회의에서는 군비 축소와 중재 재판소 설치 문제가 다루어졌다. 그러나 각국의 의견 차이로 결의를 보지 못하고 폐막했다.

제2차 회의는 1907년(고종 44) 6월에 개최하기로 예정되었다. 러일 전쟁 이후 국제 분쟁의 위험이 커지면서 전쟁을 방지하기 위해서였다. 이 회의에는 세계 주요 국가의 대표가 모두 참석했고, 같은 기간에 이곳에서 만국 기자협회의 회의가 열렸다.

고종은 이 회의가 일본의 침략상을 고발하고 국제 여론을 환기시켜 독립 지원을 호소할 좋은 기회라고 생각했다. 그래서 이준·이상설·이위종을 특사로 파견했으나, 이들은 회의에 참여조차 하지 못했다. 강대국들의 평화 회의였기 때문이다. 뜻을 이루지 못하자 결국 이준은 자살했으며, 이 사건으로 인해 오히려 고종은 퇴위당하게 되었다.

조선의 마지막 왕

고종은 조선의 마지막 왕으로서 34년(1863~1897), 대한제국의 황제로서 10년(1897~1907) 등 총 44년간 군주의 자리에 있었다. 고종은 재위 중 서양 열강과 조약을 맺고 근대화를 추진했다. 그러나 재위 중에 두 차례의 양요를 겪었고, 외세의 거듭된 침략으로 국운은 기울었다.

헤이그 특사 사건 이후 일본은 이를 고종을 퇴위시킬 이유로 삼았다. 일본은 먼저 을사늑약 체제를 기정사실로 하기 위해 고종에게 비준을 강요했다. 일본 정부의 훈령에 따라 일본 외무대신 하야시 다다스(林董)와 함께 입궐한 이토 히로부미는 남산에 배치한 일본군에 대포로 궁궐을 조준하게 한 채로 고종을 협박했다. 그러나 고종이 이를 끝내 수락하지 않자 고종을 강제로 퇴위시켰다.

왕위에서 물러난 고종은 나라를 잃은 울분을 삼키다가 1919년 1월 21일에 덕수궁 함녕전에서 68세의 나이로 죽었다. 고종이 독살로 죽었다는 소문이 퍼지면서 국상이 치러지는 동안 3·1 만세 운동이 일어나기도 했다.

능은 경기도 남양주 금곡리에 있는 홍릉(洪陵)이다.

제27대 순종, 나라를 잃다

일본의 강압으로 황제에 오른 순종

일본에 의해 물러난 고종을 대신해 그의 아들인 순종이 황제의 자리에 올랐다. 일본은 1907년(순종 즉위년) 7월 20일에 경운궁 중화전에서 양위식을 거행했다. 그러나 이 자리에는 고종도, 순종도 참석하지 않았다. 이렇게 황제에 오른 대한제국의 두 번째이자 마지막 황제 순종은 이후 3년간 재위했다.

순종은 1874년(고종 11) 2월에 고종과 명성황후 사이에서 둘째 아들로 태어났다. 이름은 척(坧), 자는 군방(君邦), 호는 정헌(正軒)이다. 이듬해 2월에 세자로 책봉되었고, 9세 때인

1882년(고종 19)에 민태호의 딸과 혼인했다. 그가 곧 순명효황후다. 1904년(고종 41), 순명효황후가 죽자 윤택영(尹澤榮)의 딸 순정효황후를 맞이했다. 슬하에 자식은 없다.

순종 즉위 후 정미 7조약이라 불리는 한일 신협약이 체결되었다. 사법권 위임, 일본인 차관(次官) 채용, 경찰권 위임 등이 핵심 내용이었다. 또한 후속 조치로 언론을 탄압하기 위해 신문지법과 집회·결사를 금지하는 보안법을 제정했다. 이어 대한제국 군부를 폐지했다. 이 조치로 대한제국 군대는 강제 해산되었다. 이때 해산된 군대의 병력 일부가 무장 항일 투쟁을 벌이기도 했다.

경술국치 조약

1909년(순종 2), 일본은 이용구(李容九)·송병준(宋秉畯) 등이 속한 일진회가 한일 합병론을 주장하도록 사주했다. 초대 통감 이토 히로부미는 부통감 소네 아라스케(曾禰荒助)에게 자리를 인계하고 본국으로 돌아가 추밀원(枢密院: 천황의 자문 기관) 의장직을 맡았다. 이후 일본 내각에서는 대한제국을 식민지로 완전히 병합하기로 비밀리에 의결하고 즉시 일본 천황에게 재가를 받았다. 이와 동시에 일본군은 그해 9월부터 2개월간 이른바 남한 대토벌을 실시해 한국 의병들의 항전을 종결시킨 뒤 병합을 마무리 지으려 했다.

그러나 몇 가지 사건으로 인해 계획은 순조롭게 진행되지 못했다. 같은 해 10월 26일, 러시아에 병합에 대한 양해를 얻고 만주 문제를 협의하려 하얼빈을 방문한 이토 히로부미가 안중근(安重根)에게 저격당해 죽는 사건이 발생했다. 뒤이어 12월 2일에는 한국의 친일파 내각 총리대신 이완용이 이재명 (李在明)의 습격으로 중상을 입었다.

일제는 서둘러 안중근을 처형해 사건을 마무리하고 경술국 치(庚戌國恥: 일본에 국권을 상실한 치욕의 날. 한일 합병)를 서둘렀다. 그리고 1910년(순종 3) 5월, 병약한 소네 아라스케를 퇴임시키고 현역 육군 대장인 데라우치 마사타케(寺內正毅)를 통감으로 임명했다. 이어 박제순 내각에 경찰 사무를 일본으로 완전히 위탁하는 협정 체결을 강요했다. 이로써 통감부가 경무총감부를 설치해 일반 경찰권까지 완전히 장악하게 되었다.

한편 제3대 통감 데라우치 마사타케는 일본 총리에게 경술국치 조약 초안의 대강령(大綱領)과 경술국치 후 통치 방침까지 지시받은 상태였다. 그는 한국에 온 즉시 한국인의 저항 여론을 봉쇄하기 위해 「대한민보」 발행을 정지시키고, 「대한매일신보」를 판매 금지했다. 이어서 부상에서 회복한 이완용을 내각 총리대신으로, 박제순을 내부대신으로 임명해 이완용 내각을 출범시켰다.

데라우치 마사타케는 이완용과 농상공부대신 조중응(趙重應)을 통감 관저로 불러 경술국치 조약의 초안을 보여주었다. 이완용 내각은 내각 회의를 통해 이 내용에 합의한 후 순종 앞에서 형식상의 어전 회의를 개최하고 경술국치 안건을 결의했다. 이어 이완용과 데라우치 마사타케의 이름으로 경술국치 조약이 조인되었다. 일본은 조약 체결 사실을 숨긴 채 사회단체의 집회를 철저히 금지시키고 원로대신들을 연금한 뒤 1910년(순종 3) 8월 29일에 이를 반포했다. 이로써 대한제국은 일본에 모든 국권을 강탈당하고 역사 속에서 사라지게 되었다.

순종은 경술국치 조약이 체결된 후 폐위되어 창덕궁에 감금되다시피 한 상태로 지내다가 1926년 4월 25일에 죽었다.

능은 경기도 남양주시 금곡동에 있는 유릉(裕陵)이다.

큰 글자로 읽는 세상의 모든 지식
〈살림지식총서〉

이성무 (hellohal@hanmail.net)

서울대학교 문리대 사학과를 졸업하고, 동 대학원 사학과를 거쳐 국사학과에서 문학박사 학위를 받았다. 국민대학교와 한국정신문화연구원 한국학대학원 교수로 있으면서 미국 하버드대학교 옌칭연구소 연구교수와 독일 튀빙겐대학교 객원교수를 역임했다. 정신문화연구원 부원장, 연세대학교 용재석좌교수를 지냈고, 국사편찬위원회 위원장을 거쳐 현재 대한민국학술원 회원, 남명학연구원장, 한국역사문화연구원장, 한국학중앙연구원 명예교수로 있다.

저서로는 『조선왕조실록(전6권)』을 비롯해 『조선시대 당쟁사』 『재상열전』 『명장열전』 『조선을 만든 사람들』 『조선국왕전』 『조선은 어떻게 부정부패를 막았을까』 『영의정의 경륜』 『선비평전』 『방촌 황희 평전』 『한국의 과거 제도』 『조선 초기 양반 연구』 『조선의 사회와 사상』 『조선 양반 사회 연구』 『한국 역사의 이해(전7권)』 『다시 보는 한국사』(공저) 등 다수가 있다.

큰글자 살림지식총서 165

조선왕조실록 5 순조~순종 편

펴낸날	초판 1쇄 2021년 12월 31일

지은이	이성무
펴낸이	심만수
펴낸곳	(주)살림출판사
출판등록	1989년 11월 1일 제9-210호

주소	경기도 파주시 광인사길 30
전화	031-955-1350 팩스 031-624-1356
홈페이지	http://www.sallimbooks.com
이메일	book@sallimbooks.com

ISBN	978-89-522-4359-1 04080
	978-89-522-3549-7 04080 (세트)

※ 이 책은 살림지식총서 527 『조선왕조실록 5』를
　 큰 글자로 만든 것입니다.
※ 이 책은 큰 글자가 읽기 편한 독자들을 위해
　 글자 크기 14포인트, 4×6배판으로 제작되었습니다.